Kerstin Reichl

Praktische Spiritualität
für Ungeduldige

Bitte fordern Sie unser kostenloses Verlagsverzeichnis an:

Smaragd Verlag
In der Steubach 1
57614 Woldert (Ww.)
Tel.: 02684-97848-10
Fax: 02684-97848-20
E-Mail: info@smaragd-verlag.de
www.smaragd-verlag.de

Oder besuchen Sie uns im Internet unter der obigen
Adresse.

© Smaragd Verlag, 57614 Woldert (Ww.)
Deutsche Erstausgabe: Juni 2013
Zweite Auflage: Juli 2014
© Cover: Rolf Vogt (ARVI)
Umschlaggestaltung: preData
Satz: preData
Printed in Czech Republic
ISBN 978-3-95531-009-7

Kerstin Reichl

Praktische Spiritualität
für Ungeduldige

Smaragd Verlag

Über die Autorin

 Kerstin Reichl ist Jahrgang 1966, hat drei Kinder und lebt in der Nähe von Nürnberg. Sie ist hellhörig und nutzt diese Fähigkeit, um Menschen hinsichtlich ihrer Möglichkeiten und Potenziale, aber auch bezüglich ihrer Probleme und Herausforderungen zu beraten. Mit Hilfe von Atem-, Aufstellungsarbeit, Akasha-Key-System Rückführungen und angewandter Kinesiologie unterstützt Kerstin Reichl zudem ihre Klienten, damit diese ihre neu gewonnenen Erkenntnisse auch im Alltag integrieren und umsetzen können.

In Liebe und Dankbarkeit
für meine Meisterinnen
Sylvia Engel und Doris Zölls

Inhalt

Vorwort

„Wenn du immer das machst, was du immer gemacht hast, wirst du immer das bekommen, was du immer bekommen hast."

(Abraham Lincoln)

Über spirituelle Themen ist mittlerweile sehr viel geschrieben worden. Jahrtausendealte, allzeit gut gehütete Geheimnisse sind nun mittels der Literatur jedem interessierten Leser zugänglich. Ich habe selbst eine Menge spirituelle Bücher gelesen. Die meisten waren informativ oder spannend und bescherten mir so manche Erkenntnis. Oft fragte ich mich nach der Lektüre, wie ich meine neu gewonnenen Erkenntnisse umsetzen und in meinen Alltag integrieren könnte. Was nutzt mir sonst, was ich gelesen habe?

Dieses Buch ist für alle gedacht, die in ihrem Alltag wenig Zeit zum Lesen finden, aber trotzdem an ihrer Selbsterkenntnis und der Entwicklung ihrer Bewusstheit arbeiten möchten. Ich werde deshalb in kurzen, klar strukturierten Texten und Bildern Inhalte vermitteln, die ins Bewusstsein führen und so das Leben deutlich leichter machen können. Ich will spirituelle Zusammenhänge und Gesetzmäßigkeiten aufzeigen, die mich meine Lehrerin, Sylvia Engel, gelehrt hat. Auch werde ich den einen oder anderen Exkurs in die Hirnforschung wagen. Zudem werde ich immer wiederkehrende menschliche Verhaltensmuster offenlegen, in denen Sie sich erkennen können. Denn nur aus der Selbsterkenntnis heraus ist es möglich, die alte, eingefahrene Spur zu verlassen, andere, bisher unbekannte Wege zu beschreiten, neue Erfahrungen zuzulassen, das Bewusstsein aktiv zu erweitern und so am eigenen Wachstum zu arbeiten.

Themen, die eindeutig den Chakren zugeordnet werden können, werde ich in kurzen Abschnitten näher erläutern. Begriffe, die Ihnen anfänglich vielleicht noch unbekannt sind, werden im Verlauf des Buches erklärt.

Ich werde oft mit Visualisierungen arbeiten, um zu verdeutlichen, was ich zum Ausdruck bringen möchte. Bilder haben den Vorteil, dass durch die optische Vorstellung nicht nur die linke, rationale, analytische Hirnhälfte angesprochen wird, sondern auch die rechte, die das Fühlen verarbeitet und übergeordnete Zusammenhänge erkennen kann. Denken wir auf beiden Hirnhälften, prägt sich das, was wir aufgenommen haben, viel besser ein.

Im Tarot gibt es eine Karte, die aussagt, dass Herz, Tat und Verstand zusammenfließen müssen. Wer nur denkt und fühlt, aber nicht handelt, unterlässt etwas Wesentliches. Wer nur rational denkt und agiert, dem fehlt die emotionale Komponente. Wer seine Handlungen nur von seinem Gefühl ableitet, hält sein Gefühl für absolut und versäumt es, den Verstand korrigierend mit einzubringen.

Das Buch erfüllt seinen Zweck, wenn es Sie motiviert, Ihre Gefühle mit dem Verstand zu prüfen, Ihre mentalen Gedanken mit Ihrem Gefühl in Abgleich zu bringen und daraus eine Handlung abzuleiten. Denn jede Erkenntnis erfordert ein aktives Erproben und Anwenden, damit sich die Erweiterung des eigenen Bewusstseins langfristig auf unser Leben auswirken kann. Das Wissen um Zusammenhänge und Hintergründe ist uns erst dann dienlich, wenn wir mittels unserer eigenen Erkenntnisse das Leben klar nach unseren Vorstellungen leben und erfahren können. Es geht um Praxis, Umsetzung und Anwendung, nicht um Theorie.

Der Schlüssel zur Praxis wiederum liegt in unserer Bereitschaft, dazuzulernen und unser Wissen zu erweitern. Wir müssen uns zuerst einmal eingestehen, dass wir meistens unbewusst sind, uns gemäß unserer Prägungen in alten Mustern bewegen und von unseren Ängsten manipuliert werden. *„Lernen kann nur stattfinden, wenn es im Gehirn Erinnerungen gibt, an die das Neue anknüpfen kann. Ohne Anknüpfungspunkte wird Neues aus dem Speicher gekippt."* (Gabriele Schendl-Gallhofer: *„Du kannst auch anders"*)

Das Alte, Bisherige ist somit nicht schlecht, sondern es dient uns als Boden, auf dem das Neue wachsen und Früchte tragen kann, wenn wir nur erst das Unkraut in Form von negativen Prägungen, schlechten Erfahrungen und verzerrten Erinnerungen ausgerissen haben. Wir sollten uns also nicht dafür verurteilen, dass wir bislang, entsprechend unserer mangelnden Bewusstheit, in einer bestimmten Weise gedacht und gefühlt haben, aber wir sollten auch nicht gewohnheitsmäßig daran festhalten. Ähnlich einem Computerprogramm muss die abgespeicherte Information von einer neuen Erfahrung überschrieben werden. Aber das ist nur möglich, wenn wir bereit sind, neue Erfahrungen zuzulassen. Hierzu empfehle ich das Buch von Gerald Hüther (Hirnforscher): *„Bedienungsanleitung für ein menschliches Gehirn"*.

Wenn wir etwas lernen wollen, ist es sehr wichtig, dass wir uns immer wieder für unser Tun loben und wertschätzen. Meistens neigen wir dazu, uns autoaggressiv zu verurteilen, dass wir wieder nicht richtig reagiert haben oder es hätten besser machen sollen.

Bedenken Sie, dass es beim Lernen drei Phasen gibt:

Phase 1:
Sie verhalten sich gemäß Ihrem alten Muster und erken-

nen erst nach Ablauf der Situation, dass Sie gewohnheitsmäßig agiert oder reagiert haben. Bitte loben Sie sich für Ihre Bewusstheit, dass Sie es im Nachhinein erkannt haben. Sie haben sich bereits einen Schritt von Ihrer Unbewusstheit entfernt.

Phase 2:

Sie verhalten sich gemäß Ihrem alten Muster und erkennen bereits innerhalb der Situation, dass Sie gewohnheitsmäßig agieren oder reagieren. Ärgern Sie sich bitte nicht, sondern klopfen Sie sich für Ihre Bewusstheit auf die Schulter, da Sie es schon beim Tun erkannt haben. Nun haben Sie sich bereits zwei Schritte von Ihrer Unbewusstheit entfernt.

Phase 3:

Sie erkennen bereits im Vorfeld, dass Sie geneigt wären, in dieser Situation gemäß Ihrem alten Muster zu agieren oder zu reagieren. Dank Ihrer Klarheit sind Sie nun in der Lage, ein geändertes Verhalten an den Tag zu legen und lassen so eine neue Erfahrung zu. Freuen Sie sich darüber, dass Sie schon so bewusst sind, aber seien Sie sich darüber im Klaren, dass es noch genug Themen gibt, die es ab Phase 1 zu bearbeiten gilt.

Im Vorfeld möchte ich ganz klar herausstellen, dass jede Erfahrung für uns nötig, wichtig und richtig ist und wir sie machen, weil wir sie machen wollen und sollen. Das, was wir erfahren oder auch erleiden, nimmt nicht nur Einfluss auf unsere Kausalaura, die alle wesentlichen Erfahrungen unserer verschiedenen Leben abspeichert, sondern auch auf unseren Körper und unsere Psyche. Bei physischen oder psychischen Beschwerden, die grundsätzlich darauf hinweisen, dass es eine Blockade zu bearbeiten gilt, ist es ratsam, sich Hilfe im Außen zu suchen (siehe: Kontakte/Anhang). Denn wir alle haben unseren „blinden Fleck" und können, was unsere eigenen Themen angeht, meistens den Wald vor lauter Bäumen nicht erkennen.

Diese Hilfe kann aber grundsätzlich nur Hilfe zur Selbsthilfe sein. Auch der Beste aller Therapeuten besitzt keinen Radiergummi für Erfahrungen, mit dem das, was Sie persönlich erlebt und erlitten haben, einfach wegradiert werden könnte. Sie müssen lernen, Ihre Erfahrungen zu akzeptieren und sie als eine Bereicherung anzusehen, die Sie zu dem/der gemacht hat, der/die Sie heute sind.

Bietet Ihnen jemand an, er wolle Ihnen Energie übertragen, müssen Sie sich darüber im Klaren sein, dass derjenige Ihnen möglicherweise nicht nur positive Energie, sondern auch seine eigenen Ängste und Probleme mit überträgt. Nur die wenigsten Menschen sind in der Lage, saubere, vom Ego befreite Energie an andere zu geben. Es werden Ablösungen, Clearings und vieles mehr angeboten, die Sie glauben machen sollen, dass andere Sie von Ihren Blockaden befreien könnten.

Ich bin der Meinung, dass es Ihnen nicht viel nutzt, wenn Ihnen jemand Ihren kaputten Fahrradreifen aufpumpt. Er wird an der nächsten Ecke wieder platt sein. Zeigt Ihnen jemand, wie Sie Ihren Reifen flicken können und gibt Ihnen vielleicht noch entsprechendes Flickzeug an die Hand, steht Ihnen Ihr Fahrrad wieder voll und ganz zur Verfügung. Um Ihre Situation oder Ihr Leben zu ändern, benötigen Sie grundsätzlich die Bereitschaft, ihre Themen, Ängste, Muster und Prägungen bearbeiten und loslassen zu wollen. Das kann auch der beste Therapeut nicht für Sie erledigen. Auch ein Arzt, der Ihnen bei einem Beinbruch einen Gips anlegt, kann nur die Voraussetzungen schaffen, dass Ihr Knochen wieder optimal zusammenwachsen kann. Die eigentliche Heilung muss Ihr Körper aber selbst vollbringen.

Warum lebe ich?

Wer bin ich?

Was ist meine Aufgabe?

Diese zentralen Fragen beschäftigen ab einem gewissen Entwicklungsstadium wohl jeden Menschen. Tatsächlich gibt es auf diese Fragen klare Antworten. Grundvoraussetzung für die Beantwortung ist das Wissen oder zumindest die Annahme, dass es eine Seele gibt.

Man kann die Seele vergleichen mit unserem Heimatplaneten, der Erde. Zum einen kann man die Welt weder nur gut noch nur schlecht nennen, sie ist alles zugleich. Man kann ihr aufgrund ihrer Lage im Weltall kein konkretes „Oben" oder „Unten" zuschreiben. Sie ist sowohl hell, als auch dunkel, und das zur selben Zeit: Auf der einen Hälfte der Erde ist Tag, auf der anderen Nacht. Dabei unterliegt sie kosmischen Gesetzen, so, wie die Seele auch (siehe: Die geistigen Gesetze).

Die Seele hat ein ungeteiltes Bewusstsein (Eloah). Sie enthält vom lichtvoll, göttlich Schönsten, bis hin zum abgründig, grauenhaft Finstersten alles. Da sich die unterschiedlichen Energien der Seele ausgleichen, so, wie sich Heiß und Kalt oder Plus und Minus neutralisieren, ist sie nicht in der Lage, sich selbst in all ihren Möglichkeiten zu erfahren.

„Eine vollständige Wesenheit, ein androgynes Wesen, macht niemals die Erfahrung der Trennung von der eigenen Göttlichkeit, vom inneren Wissen." (Ute Kretzschmar: *„Die Seele in den Meisterjahren"*)

Strebt die Seele nun aber danach, sich selbst zu erkennen, hat sie die Möglichkeit, zu inkarnieren. Zu diesem Zweck teilt sie sich in verschiedene Teile, nämlich in Dualseelen, Zwillingsseelen und Aspektierungen (siehe: Seelenteile). Jeder einzelne Seelenteil inkarniert während 8.000 bis 10.000 Jahren immer wieder in verschiedenen dualistischen Systemen, zu denen neben verschiedenen anderen eben auch die Erde gehört. In der Absicht, alles zu erfahren, was erfahrbar ist, erlebt er sich mal als Mann und mal als Frau, mal als Opfer, mal als Täter, als Kranker und als Heiler, Betrüger und Betrogener, Armer und Reicher usw. Alle wesentlichen Prägungen, Ängste und Erfahrungen seines Lebens werden in der Kausalaura abgespeichert, welche sich bei jeder neuen Inkarnation wieder über den irdischen Körper stülpt und die Grundlage seiner Persönlichkeit bildet. Durch die Vielzahl der Leben ergibt sich langfristig ein Ausgleich, sodass kein Seelenteil nur gute oder nur schlechte Erfahrungen macht. Jeder Seelenteil entwickelt sich – beginnend als Babyseele, über die Kinder-, die junge und die reife Seele – in vielen verschiedenen Leben bis zur alten Seele. Jedem Seelenalter sind spezielle Lernthemen zugeordnet, auf die ich im Folgenden eingehen möchte.

Seelenalter

Die Babyseele ist abhängig von Gesellschaft, alleine ist sie nicht lebensfähig. Sie braucht Versorgung, Unterstützung und Anleitung von außen, um ihr Leben leben zu können. Viele Babyseelen, die das erste Mal inkarnieren, sind sich noch nicht sicher, ob sie überhaupt das Wagnis eines irdischen Lebens auf sich nehmen wollen. Sie inkarnieren deshalb bevorzugt in Ländern der Dritten Welt oder bei einem Urwaldstamm, wo nicht allzu viel Aufhebens davon gemacht wird, wenn die Seele sich entscheidet, den Körper doch lieber schnellstmöglich wieder zu verlassen.

Auch Kinderseelen brauchen noch Schutz und Führung, aber so, wie sich Kinder gerne einmal von der Hand der Mutter losreißen, sind Kinderseelen bereit, erste eigene Erfahrungen im Schutz der Familie und der Gesellschaft zu sammeln. Das Ego spielt hier noch keine wesentliche Rolle.

Die junge Seele ist mit einem Teenager vergleichbar, der wild darauf ist, sich zu erfahren und zu erkennen und dessen Verhalten ganz vom Ego bestimmt wird. Da sie sich ihrer selbst noch nicht sicher ist, entwickelt sie ein Selbstbild, dem sie zu entsprechen versucht. Die Umwelt dient dazu, das Selbstbild zu bestätigen, was zwangsläufig zu großen Reibungen und somit Erfahrungsmöglichkeiten führt. Geld, Macht, Kontrolle und Materie sind die in diesem Seelenalter vordringlich zu bearbeitenden Themen.

Die reife Seele möchte das, was sie bereits erfahren hat, weitergeben. Das Bedürfnis, gesellschaftlich Einfluss zu nehmen und zu lehren, wächst. Sie erprobt sich in verschiedenen Beziehungen innerhalb der Gesellschaft. Das Ego tritt schon ein Stück in den Hintergrund und macht Platz für ein holistisches

Weltbild. Macht und Ohnmacht sind die Themen, die es in diesem Seelenalter zu bearbeiten gilt. Besonders im reifen Seelenalter wird deshalb eine Vielzahl karmischer Verabredungen getroffen, um die in früheren Inkarnationen entstandenen Ungleichgewichte wieder zum Ausgleich zu bringen.

Die alte Seele zieht sich aus der Gesellschaft zurück, da sie sich selbst als Teil ihres holistischen Weltbilds erfahren möchte. Sie möchte erkennen und erfahren, dass sie ein Teil des Allganzen ist, der mit allem in Verbindung steht und zu keinem Zeitpunkt vom Göttlichen getrennt ist. Sie braucht viel Zeit und Ruhe für Innenschau und Aufarbeitung ihrer bisher gemachten Erfahrungen, um die angestrebte seelische Reife entwickeln zu können. Das Ego ist zunehmend in Auflösung begriffen und wird vom reinen Sein abgelöst. Thema dieses Seelenalters ist die Bearbeitung der spirituellen Arroganz. Diese äußert sich in einem gewissen Hochmut, da sie aufgrund der Menge an Erfahrungen, die sie bereits in den vielen Leben gemacht hat, meint, dass sie doch längst alles besser weiß und das Verhalten der Mitmenschen deshalb nicht verstehen kann und will. Widerstandslosigkeit, Toleranz, Mitgefühl und Einverständnis müssen erprobt und gelernt werden. Sind im Laufe der Jahrtausende alle um ihre individuellen Erfahrungen bereicherten Seelenteile zur alten Seele gereift, verbinden sich diese wieder zu einer Einheit (Elohim) und steigen in die nächste Bewusstseinsebene auf.

Auf Grundlage dieses Wissens kann ich aufhören, mich mit anderen Menschen zu vergleichen, denn jeder Seelenteil hat eine andere Aufgabe, die zur Gesamterfahrung seiner Seele beiträgt. Jeder Seelenteil ist unterschiedlich oft inkarniert und verfügt so über ein unvergleichbares Erfahrungsspektrum, aus dem sich seine Intuition, seine Handlungen und sein Wissen ableiten.

Wenn der Sinn und das Ziel unserer Inkarnationen sind, alles, was in der Dreidimensionalität erfahrbar ist, zu erleben und zu erleiden, kann nicht alles nur gut, schön, edel, sinnvoll, leicht, lustig oder moralisch sein. Jede noch so unangenehme, leidvolle oder schmerzliche Erfahrung trägt zur Gesamterfahrung der Seele bei und wird von der Geistigen Welt mit derselben Wertschätzung geachtet wie alle schönen, ethischen, freudvollen Erfahrungen.

Zusammenfassend ist zu sagen, dass der Sinn und die Aufgabe unseres Lebens zum einen darin bestehen, die irdischen Freuden in Form von Kreativität, Sexualität, Hingabe und Genussfähigkeit zu erleben, und zum anderen, sich für Erfahrungen zur Verfügung zu stellen, um der irdischen Gesamterfahrung unserer Seele zu dienen.

Seelenteile

Bei ihrer ersten Inkarnation teilt die Seele sich in verschiedene Teile: Zwei Dualseelen, vier Zwillingsseelen und diverse Aspektierungen (deren Anzahl richtet sich nach der zu erfüllenden Aufgabe der Seele). Jede Seele hat dabei eine spezielle Aufgabe, die man sich wie ein Handwerk vorstellen kann. Es gibt Schreiner, Bäcker, Ingenieure und Goldschmiede, doch jeder von ihnen muss atmen, essen, trinken und vieles mehr. Gewisse elementare Erfahrungen macht also jeder Seelenteil. Doch jede Seele, als Summe der vorgenannten Seelenteile, hat zudem noch eine spezielle Aufgabe, zum Beispiel Führen, Heilen, Kämpfen usw., und alle inkarnierten Seelenteile tragen mit ihren persönlichen Erfahrungen zur Erfüllung dieser Aufgabe bei.

Jeder Seelenteil wiederum wählt seine „Wesensessenz", also eine bestimmte Rolle, die einmal festgelegt und durch den gesamten Inkarnationszyklus hindurch beibehalten wird. Um bei dem Vergleich mit dem Handwerk zu bleiben, ist in einem Ingenieurbüro einer für die Berechnung der Statik, der andere für die Erstellung der Pläne, der Dritte für die Verhandlungen mit den Kunden und der Vierte für die Buchhaltung zuständig. In der einen Inkarnation wird nun der Seelenteil mit der Statiker-Rolle zum Chef des Unternehmens erhoben, in der nächsten ist er arbeitslos und verarmt, in der dritten stürzt das von ihm konstruierte Gebäude ein und begräbt ein Menge Menschen unter sich, in der vierten wird er aus der Firma gemobbt, in der fünften heiratet er die Sekretärin usw.

Die Gesamterfahrung aller Mitarbeiter (also Seelenteile) wiederum dient der Erfahrung der „Ingenieur-Seele". Alle Erfahrungen der verschiedenen Gewerke stellen dann die möglichen „Handwerkserfahrungen" dar usw.

Tatsächlich stehen sieben Wesensessenzen zur Verfügung:

Der Wissenschaftler, der sich gezielt klar abgegrenzten Projekten und Forschungen widmet und im Wesentlichen nur sich und sein Objekt benötigt.

Der Helfer, der für reibungslose zwischenmenschliche Beziehungen sorgt und seine Aufgabe ganz praktisch darin findet, seinen Mitmenschen zu dienen.

Der Kommunikative, ein guter Redner, der mit Hilfe der Sprache die Verbindung zwischen verschiedenen Menschen herstellt, aber auch in der Lage ist, die Synthese verschiedener Sachverhalte zu erkennen, um so auf das Große Ganze zu schließen.

Der Eingeweihte, der um das seelische Wohl seiner Mitmenschen besorgt ist, Rat erteilt, Trost spendet, aber auch gerne missioniert.

Der Kreative, der ewig Suchende, der immer das Neue, Unbekannte (er)finden und darstellen muss, um die Welt damit zu erfreuen.

Der Kämpfer, der nach Wandel und Erneuerung strebt, sich für Gerechtigkeit einsetzt und auch bereit ist, dafür zu kämpfen.

Der Herrscher, der dazu bestimmt ist, zu führen und Verantwortung zu übernehmen, der aber auch Demut lernen muss.

Wer mehr über seine eigene Wesensessenz erfahren möchte, dem sei ein Chakrareading empfohlen (siehe: Anhang/Kontakte).

Dualseelen

Jeder Seele gehören zwei Dualseelen an. Dualseelen sind Aufstiegshelfer und haben eine ganz bestimmte Aufgabe: Wenn schon die meistensen Seelenteile alle nötigen Erfahrungen gesammelt haben und bereits in der Astralebene weilen, kann es einige wenige Seelenteile geben, die ihren irdischen Inkarnationszyklus noch nicht abgeschlossen, also noch nicht alle nötigen Erfahrungen gesammelt haben. Dualseelen helfen und unterstützen die ihnen zugehörigen, noch verkörperten Seelenteile (Seelengeschwister) dabei, ihre letzten Prägungen, Blockaden und Ängste zu bearbeiten und loszulassen. Damit die Seele als ein Ganzes, also wieder vereint mit all ihren – um ihre Erfahrungen bereicherten – Seelenteilen, in die nächste Bewusstseinsebene übergehen kann. Bis zu diesem Zeitpunkt sammelt die Dualseele ebenso Erfahrungen wie jeder andere Seelenanteil auch. Ihre Entwicklung vollzieht sich allerdings etwas schneller.

Dualseelen derselben Seele treffen sich nur, wenn beide Teile die letzte geplante verkörperte Inkarnation leben. Die Chance auf ein derartiges Treffen ist äußerst gering. Denn die Wahrscheinlichkeit, dass die eine Dualseele gerade nicht auf der Erde oder weit entfernt auf einem anderen Kontinent lebt, sodass wir ihr nie begegnen, ist sehr hoch.

Zwillingsseelen

Zwillingsseelen sind Heiler. Sie helfen den Teilen ihrer Seele und auch denen ihrer Seelenfamilie, wenn diese immer wieder gleichartige Erfahrungen machen, aus denen sie sich nicht mehr lösen können. Angenommen, wir erlebten eine Vielzahl an Inkarnationen, in denen Missbrauch, Lüge und Betrug unsere partnerschaftlichen Beziehungen bestimmt haben – irgendwann sind die in unserer Kausalaura abgespeicherten Ängste und Prägungen so stark, dass ein Erleben von freudvollen Beziehungen unmöglich ist. Um nun wieder einen Ausgleich zu erzielen, treffen wir einen Seelenzwilling, der treu, liebevoll und ehrlich ist, damit wir heilen können, wieder beziehungsfähig werden und somit offen für positive Erfahrungen.

Aspektierungen

Aspektierungen sind für das Wachsen und Reifen der Seele zuständig. Sie sind Impulsgeber und sorgen für entsprechende Reibung mit ihrer Umwelt. Denn Reibung schafft Wärme und Wärme schafft Wachstum.

Seelengeschwister

Alle Teile, also Dualseelen, Zwillingsseelen und Aspektierungen einer Seele, sind untereinander Seelengeschwister. Da sie einander sehr verbunden sind, können sie zusammen Erfahrungen machen, zu denen sie ohne die Unterstützung der Seelengeschwister alleine nicht bereit oder in der Lage wären.

Seelenfamilie

Seelenfamilien sind eine Anzahl von Seelen, die eine gemeinsame „Ausschüttung" hatten, was bedeutet, dass sie zur gleichen Zeit ihren Inkarnationszyklus begonnen haben. Wie bei einer Familie stehen sich manche Familienmitglieder näher, und andere haben wenig miteinander zu tun. Letztendlich treffen wir in jeder Inkarnation einen Großteil der Seelenteile wieder, die wir schon aus vorangegangenen Inkarnationen kennen.

Seelenplan und Vorbestimmung

Nach jeder Inkarnation kehrt ein Seelenteil ohne seinen physischen Körper in die Astralwelt zurück. Nur in Ausnahmefällen bleibt die entkörperte Seele erdgebunden, nämlich dann, wenn sie aufgrund ihres irdischen Verhaltens der Meinung ist, dass sie es nicht verdient hat, auf die Astralebene zu gehen, oder wenn sie glaubt, sie müsse unbedingt noch Einfluss auf Haus, Hof, Partner, Kinder oder Sonstiges ausüben.

Die Astralwelt ist in gewissem Sinn hierarchisch strukturiert; auch dort gibt es unterschiedliche „Realitätsebenen". Wir können nur die Ebene erreichen, die unserer eigenen Schwingung entspricht, da auch dort gelernt und erfahren wird. Wer mehr darüber wissen möchte, dem empfehle ich das Buch von Beat Imhof: *„Wie auf Erden, so im Himmel"*.

In der Astralwelt hat nun jeder Seelenanteil Gelegenheit, Bilanz zu ziehen. Er hat die Möglichkeit, alle seine bisher gelebten Leben und sein Tun und Wirken anzuschauen, zu sehen, was er schon gelernt hat, und zu erkennen, was er noch lernen möchte. Jeder Seelenteil ist dabei nur sich selbst gegenüber Rechenschaft schuldig; es ist kein strafender Gott da, der richtet. Je häufiger ein Seelenteil inkarniert ist, umso deutlicher wird sein Verlangen, zu wachsen, zu erkennen und zu verstehen. Zusammen mit geistigen Helfern und dem Hohen Selbst wird vor jeder Inkarnation ein neuer Seelenplan geschmiedet, also geplant, welche Erfahrungen in der nächsten Inkarnation angestrebt werden. Auch werden karmische Verabredungen geplant (siehe: Karmische Verabredungen), um entstandene Ungleichgewichte zwischen zwei Seelenteilen wieder auszugleichen. Oder es werden Verabredungen mit anderen Teilen der eigenen Seele oder Mitgliedern der Seelenfamilie getroffen, um sich in der nächsten Inkarnation gegenseitig zu stützen und zu nähren, oder gemeinsam zu lernen und zu erkennen. Auch der Ort und das Zeitalter für die neue Verkörperung werden frei gewählt. Ergibt sich dann die Möglichkeit, entsprechend der eigenen Planung zu inkarnieren, nutzt die Seele die Gelegenheit und beseelt meistens schon den im Mutterleib heranwachsenden oder manchmal auch den soeben frisch geborenen physischen Leib.

Unsere Inkarnationsplanung ähnelt einer geplanten Reise. Wir wählen aus freien Stücken unser Reiseziel aus und packen entsprechende Sachen ein, um vor Ort gut ausgerüstet zu sein. Für eine Reise zum Nordkap packen wir sicher andere Dinge in unseren Koffer, als wenn wir beabsichtigen, nach Afrika zu reisen. Ob aber vor Ort das Hotel überfüllt ist und wir in ein anderes ziehen müssen, einen alten Bekannten treffen, von einer Qualle verbrannt werden oder uns verlieben, ist vorher nicht geplant, sondern ergibt sich aus dem, was alle anderen Menschen an diesem Urlaubsort tun. Denn jeder Seelenplan schneidet ja die Planung aller anderen, die inkarniert sind. So gesehen gibt es sehr viele Begegnungen und Situationen, die uns ermöglichen, die Erfahrungen zu machen, die wir geplant haben.

Kann ich das Vorgenannte als tatsächlich annehmen, kann ich den Widerstand gegen die mich umgebenden Menschen und meine individuellen Umstände aufgeben. Dann bin ich damit einverstanden, dass ich alle Erfahrungen, die ich mache, selbst gewählt habe, mit dem Ziel, zu wachsen und zu reifen. Ich erkenne meine Mitmenschen als meine Erfüllungsgehilfen, die mir helfen, meine geplanten Erfahrungen zu machen. Und da wir uns ja nicht vorgenommen haben, nur das Gute zu erfahren, erleiden wir immer wieder auch unfassbar schreckliche, schmerzliche oder extrem schlimme Situationen.

Wenn mir klar ist, dass ich nicht vom Weltall ausgespuckt wurde und nun willkürlich als Opfer auf diesem Planeten herumirre, kann ich aus allem, was mir widerfährt, eine Lehre ziehen, sinnvolle Zusammenhänge erkennen und einverstanden sein mit dem, was um mich ist. Ich weiß: Alles, was passiert, dient dazu, mich aufzuwecken.

In diesem Zusammenhang ist es ganz interessant zu wissen, dass Moral, Ethik und auch die Liebesfähigkeit nicht in dem Sinne anerzogen oder von der Gesellschaft einem Menschen aufgeprägt werden können. Vielmehr ist es so, dass sich der Mensch im Zuge seiner vielen Inkarnationen häufig auch als Täter erfährt. Durch die Verarbeitung seiner Taten entwickelt er Schuldgefühle und lernt aus seinen Erfahrungen, in weiteren Leben Verantwortung zu übernehmen und Mitgefühl zu entwickeln. Zudem erlebt er auch die Rolle des Opfers so lange, bis er erkennt, welche Folgen sein Handeln für das Gegenüber haben. Nur aufgrund eigener Erfahrungen wachsen also die Herzensqualitäten eines Menschen im Laufe der Jahrtausende. Gesellschaft und Erziehung dienen nur dem Feinschliff.

Karmische Verabredungen

Wenn wir unsere nächste Inkarnation planen, treffen wir verschiedene karmische Verabredungen, die wir einzulösen gedenken. Ist in vorangegangenen Inkarnationen ein Ungleichgewicht entstanden, muss dieses nach dem Gesetz der Harmonie in den folgenden Leben wieder ausgeglichen werden. Im Rahmen unseres Seelenplans verabreden wir uns mit den Seelenanteilen, mit denen wir noch eine Rechnung offen haben. Oder mit jenen, die uns in unseren Vorhaben unterstützen wollen. Dabei ist es natürlich nicht zu jedem Zeitpunkt möglich, sich mit jedem beliebigen Seelenanteil zu verabreden, da erstens nicht alle Seelenteile zur gleichen Zeit inkarniert sind, und zweitens sich die entsprechende, rein biologische Möglichkeit einer Verkörperung bieten muss.

Es gibt verschiedene Hintergründe karmischer Verabredungen, die ich nachfolgend näher erklären werde.

Kriegerische Auseinandersetzung

Hier geht es um Macht und Ohnmacht, Opfer und Täter. Vielleicht sogar um physische Gewalt, falls sich die Kontrahenten tatsächlich körperlich gegenübergestanden haben, wie es zum Beispiel in Kriegen oder Schlachten, bei Überfällen, Gewalttaten oder Ähnlichem häufig vorgekommen ist.

Lehrer-/Schülerverhältnis

Häufig sind Ungleichgewichte in vergangenen Inkarnationen dadurch entstanden, dass der Lehrer seine Position willkürlich zum Schaden des Schülers ausgenutzt hat, zum Beispiel in Form körperlichen Missbrauchs, Demütigungen, Bestrafungen, Willkür usw. Macht und Ohnmacht sind auch hier die zentralen Themen, um die es in diesem Verhältnis geht.

Um bei einer kriegerischen Auseinandersetzung oder einem ungeklärten Lehrer-/Schülerverhältnis wieder für Ausgleich zu sorgen, können in der nächsten gemeinsamen Inkarnation die Betroffenen die Rollen tauschen, zum Beispiel wird aus dem Opfer nun der Täter und aus dem Täter das Opfer, damit jeder erleben kann, wie es dem anderen ergangen ist. Oder man inkarniert wieder in den gleichen Positionen, um es in diesem Leben besser zu machen.

In aller Regel bedarf es mehrerer gemeinsamer Inkarnationen in verschiedenen Positionen, bis ein Ungleichgewicht wieder ausgeglichen ist. Beide Beteiligten müssen sämtliche Herzensqualitäten in Form von Liebe, Mitgefühl, Geduld, Toleranz usw. füreinander erwecken und Macht und Ohnmacht überwinden, bevor die Beziehung tatsächlich wieder neutralisiert ist.

Stützen und Nähren

Bei einer Verabredung zum Stützen und Nähren ist geplant, dass die verabredeten Personen sich während ihrer gemeinsamen Verkörperung gegenseitig helfen, trösten und unterstützen.

Lernen und Erkennen

Durch Lernen und Erkennen wachsen wir, auch wenn die Reibung mit den Personen, mit denen wir uns zu diesem Zweck verabredet haben, nicht selten zu Unfrieden und Disharmonie führt und längst nicht immer harmonisch verläuft.

Gerade für die Bearbeitung schwieriger Themen, wie zum Beispiel das Thema Schuld, treffen wir gerne Verabredungen mit unseren Seelenverwandten oder gar Teilen unserer eigenen Seele. Denn nur durch das seelische Band, das uns verbindet, sind wir überhaupt bereit, auftretende Schwierigkeiten zu meistern und zu ertragen, ohne uns zu entziehen.

Dient die karmische Verabredung nicht dem Stützen und Nähren oder dem Lernen und Erkennen, geht die Verbindung oft mit großer Reibung einher. Auseinandersetzungen sind bei den verabredeten Personen an der Tagesordnung, da ja nur durch Reibung Wachstum möglich ist, was wiederum zum Ausgleich führt. Es ist hilfreich, wenn man um solche karmischen Verabredungen weiß, da vor diesem Hintergrund leicht zu erklären ist, warum zum Beispiel die Mutter ständig Streitigkeiten mit der Tochter oder der Vater Rangeleien mit dem Sohn hat. Eine Chakra- oder Aurareading (siehe: Anhang/Kontakte) kann hier Klarheit bringen.

Tod und Sterben

„Nicht den Tod sollte man fürchten, sondern dass man nie beginnen wird, zu leben."

(Marcus Aurelius)

So, wie wir unsere Inkarnation geplant haben, ist es auch nicht vom Zufall bestimmt, wann wir die Erde wieder verlassen werden. Es gibt verschiedene Gründe, die dazu führen können, dass die Seele beschließt, den Körper zu verlassen, wir also sterben.

Der erste besteht darin, dass wir alles, was wir uns vorgenommen haben, zu tun und zu lernen, erfüllt haben, sodass wir den Übungsplaneten Erde wieder verlassen können. Das erklärt auch, warum Kinder in den ersten Lebensjahren sterben, wenn ihre einzige Aufgabe darin bestand, ihre Eltern zu aktivieren. Denn kaum etwas rüttelt stärker am Weltbild eines Menschen, als der Tod des eigenen Kindes. Aber gerade darin liegt die Wachstumschance, dass Eltern durch diesen Schicksalsschlag zu neuen Erkenntnissen gelangen, die es ihnen ermöglichen, ihre Geisteshaltung und Einstellungen elementar zu ändern. Schicksalsschläge werden auf der Astralebene mit allen Beteiligten vorgeplant. Neale Donald Walsch hat dazu ein schönes Kinderbuch geschrieben mit dem Titel *„Ich bin das Licht",* das diesen Hintergrund sehr anschaulich erklärt.

Wenn wir geplant haben, nachdem wir unsere Themen bearbeitet haben, noch als Helfer und Lehrer zu fungieren, werden wir die Erde natürlich noch nicht verlassen. Sonst könnte bei Menschen, die sehr am Leben hängen, ja die Befürchtung aufkommen, dass sie, wenn sie ins Bewusstsein gelangen und ihre Blockaden aufgelöst haben, „zur Strafe" sterben müssen.

Das ist eindeutig nicht der Fall, denn Menschen mit Bewusstsein dienen immer dazu, anderen auf ihrem Weg zu helfen.

Der zweite mögliche Grund besteht darin, dass wir uns in unserem Leben so mit Menschen und Umständen verstricken, dass wir keine Möglichkeit mehr haben, uns zu befreien. Dann ist der Seele klar, dass es unmöglich sein wird, den Seelenplan zu erfüllen. So sucht sie nach einer Gelegenheit, den Körper zu verlassen, um in einem anderen Körper neu zu inkarnieren, der bessere Entwicklungschancen bietet. Häufig scheiden diese Menschen dann durch einen tragischen Unfall oder eine kurze, schwere Krankheit aus dem Leben.

Eine weitere Möglichkeit kann darin bestehen, dass die Seele inkarniert ist, um negatives Karma abzutragen, indem sie es auf sich nimmt, im Rahmen einer Katastrophe zu sterben. Menschen, die bei Erdbeben, Tsunamis, Atomkatastrophen oder dergleichen ihr Leben lassen, tragen damit einen Teil der negativen Energien, die an dem Ort des Geschehens vorgeherrscht haben, ab und verschaffen sich so positives Karma.

Sich selbst umzubringen ist durchaus legitim und wird von der Geistigen Welt keinesfalls verurteilt. Das Problem ist nur, dass alle Ängste, Prägungen und Blockaden, die zum Selbstmord geführt haben, im kausalen Aurafeld abgespeichert und somit in die nächste Inkarnation hineingenommen werden. Selbstmord ist also keine Lösung, und so mancher Selbstmörder war sicher sehr überrascht, auch ohne Körper noch mit denselben Problemen dazustehen, die er vorher hatte. Auf der Astralebene wird der Selbstmörder erst einmal gepflegt und geschult. Letztendlich kann er sich dem einmal gewählten Inkarnationszyklus aber nicht entziehen und wird über kurz oder lang eine neue Inkarnation wählen, in der er seine Themen bearbeiten muss.

Gerade die Vorstellung, dass unsere Seele über unseren Tod entscheidet, ist für uns kaum nachvollziehbar. Zu schrecklich ist für uns die Vorstellung, ein Familienmitglied oder Freunde und Bekannte zu verlieren. Nur wenn wir verstehen, dass hinter all dem ein größerer Plan der Seele steht, nämlich dass alle Seelenteile gemeinsam alle nur möglichen Erfahrungen machen, um sich dann wieder zusammenzuziehen und auf die nächste Bewusstseinsebene aufzusteigen, bietet uns gerade diese Gewissheit im Trauerfall Trost.

Eigenverantwortung

„Freiheit bedeutet Verantwortlichkeit. Das ist der Grund, weshalb die meistensen Menschen sich vor ihr fürchten."

(George Bernard Shaw)

Unser Leben als lebenswert zu empfinden ist eine der vornehmlichen Aufgaben, die wir auf der Erde erfüllen wollen. Sich aber tatsächlich an seiner irdischen Existenz zu erfreuen, ist für die meisten von uns nicht leicht. Zu stark wirken hier Kindheits- und Gesellschaftsprägungen, Selbstsabotagemuster in Form von Angst vor überschäumender Lebensfreude, aber auch Reste karmischer Überlebensstrategien.

Was macht mich glücklich und zufrieden? Diese Frage ist gesellschaftlich eher ein Tabu, sollte sie gemäß unserer Erziehung doch besser heißen: „Was macht andere glücklich und zufrieden?"

Tatsache ist: Nur was ich in mir habe, kann ich auch ausstrahlen, leben und an andere weitergeben. Wenn ich nur freudlos diene, bleibe ich stets in der Erwartungshaltung stecken, dass meine Umwelt mir doch dankbar sein müsste. Ich ernähre die anderen, ohne mich selbst zu nähren. Langfristig ergeht es mir dann wie einem Auto, das viel gefahren, aber zu wenig betankt wird. Irgendwann ist der Sprit verbraucht, und das Auto bleibt stehen. Nun hoffe ich, dass die anderen erkennen, wie es um mich bestellt ist, und herbeieilen, um mir zu helfen. Sie sollen jetzt mich nähren, wo ich doch alle meine Kraft für sie gegeben habe. Häufig bleibt jedoch die Hilfe aus. Dann bin ich nicht nur kraftlos, sondern leide auch noch unter meinen unerfüllten Erwartungen. Meine Umwelt spürt unbewusst meine unterschwelligen Forderungen und wendet sich ab, statt sich mir zuzuwenden. „Was man jagt, das flieht", lautet eine indianische Weisheit.

Nur Eigenverantwortung kann uns aus dieser Situation herausführen. Es ist wichtig zu erkennen, dass ich langfristig meinen Mitmenschen zur Last fallen werde, wenn ich es nicht verstehe, für mich selbst zu sorgen. Ich muss mich fragen: Was muss sein, damit es mir gut geht.

- *Wie viel Zeit benötige ich für mich?*
- *Wie viel Zeit brauche ich für meine Familie?*
- *Wie viel Zeit möchte ich für meine Freunde investieren?*
- *Wie viel Zeit verbringe ich mit meiner Arbeit?*
- *Was ist mir wirklich wichtig?*
- *Was tue ich, nur um den Erwartungen meiner Umwelt zu entsprechen?*
- *Wo agiere ich unfreiwillig und freudlos, aus der Prägung heraus? (Zum Beispiel am Samstag das Auto waschen oder den Rasen mähen.)*

Wenn ich diese Fragen für mich beantwortet habe, stellen sich neue Fragen:

- *Wen nenne ich „Freund/Freundin", der/die schon lange keine/r mehr ist?*
- *Wer überhäuft mich mit seinen Problemen, ohne die tatsächlich Bereitschaft zu besitzen, etwas zu ändern?*
- *Wie viel Mitspracherecht räume ich meinen Eltern noch in meinem Leben ein?*
- *Wie viele Feiern besuche ich lustlos, nur weil ich eingeladen wurde?*
- *Wie viele Stunden meines Lebens lenke ich mich mit Fernsehen ab?*

- *Wo kompensiere ich mit dem Bedürfnis nach äußerer Ordnung meine innere Unordnung?*
- *Wie viel Verwandtschaft kann ich ertragen?*
- *Wie viele faule Kompromisse mache ich täglich?*

Habe ich alle diese Fragen beantwortet, komme ich zwangsläufig zu der Erkenntnis, dass ich keinen Schuldigen im Außen finde, der dafür verantwortlich ist, dass ich mein Leben nicht in der Form und Intensität lebe, wie es möglich und erstrebenswert wäre.

Es liegt ausschließlich an mir, ob ich bereit bin, mich selbst zu nähren und zu pflegen, mich durch klare Abgrenzung von den Erwartungen meiner Umwelt zu befreien, meine alten Muster und Prägungen zu überwinden, um dadurch der Lebensfreude und Genussfähigkeit Platz in meinem Leben zu machen. Nur ich selbst kann meine Einstellungen oder meinen Standpunkt ändern, um Dinge, die ich nicht beeinflussen kann, zu akzeptieren und in mein Leben zu integrieren. Nur ich allein kann durch mein Handeln meine Wirklichkeit in der Weise beeinflussen, dass sie freudvoll und nährend für mich ist. Kein anderer kann für mich mit den Bedingungen meines Lebens einverstanden sein und ihnen widerstandslos begegnen, um eine Präsenz im Hier und Jetzt einzuüben, die mich befähigt, aus jeder Situation das Beste für mich herauszuholen.

Eigenverantwortung zu übernehmen bedeutet einen echten Paradigmenwechsel in unserem Denken und Handeln. Wir sollten unser Leben selbst in die Hand nehmen, aus der Opferrolle aussteigen, die Chancen des Augenblicks erkennen. Schritt für Schritt unseren ganz eigenen Weg gehen, immer bereit, dazuzulernen. Das ist unsere dringlichste Aufgabe. Eigenverantwortung aber geht zwingend mit Gedankenhygiene einher:

Gedankenhygiene

„Das Glück deines Lebens hängt von der Beschaffenheit deiner Gedanken ab."

(Marcus Aurelius)

„Dein Wille geschehe", so steht es in der Bibel. Das ist ganz wörtlich zu nehmen, da wir durch unsere bewussten, unbewussten und unterbewussten Gedanken und Gefühle unsere Realität erschaffen. Diese Tatsache ist den meisten Menschen unbekannt. Sie sind der Meinung, der Zufall würde ihre Geschicke bestimmen und glauben, kaum Einfluss auf ihr Leben nehmen zu können. Tatsächlich ist es jedoch so, dass wir das, was wir wahrnehmen, in Gedanken fassen. Dabei nehmen wir nicht zwingend wahr, was wirklich und tatsächlich ist, sondern das, was unserem individuell konditionierten Muster entspricht. Unsere bewussten und unterbewussten Gefühle und Emotionen erzeugen Gedanken, die von unserem Verstand gefiltert, durch unsere Prägungen und die Erinnerung an unsere negativen Erfahrungen verzerrt werden. Diese so manipulierten Gedanken zeigen Wirkung, schaffen also unsere Wirklichkeit. Dies geschieht entweder dadurch, dass wir versuchen, unseren Willen in Form von Handlungen oder Entscheidungen durchzusetzen, was wiederum im Außen Reaktionen und Situationen erzeugt. Oder indem sich unsere Gedanken passiv nach innen, also gegen uns selbst richten.

Hege ich nun starke Autoaggressionen (siehe: Autoaggressionen), richte also meine Aggressionen gegen mich selbst, weil es mir an Eigenliebe mangelt, werde ich, bedingt durch meine Prägungen, in aller Regel das, was mir passiert, so interpretieren, dass ich mich entweder schuldig oder hilflos fühle. Treten diese gleichartigen Gedanken und Glaubenssätze immer wieder auf, nähre ich damit Elementale. Elementale sind Felder, die durch die Energie meiner Gedanken und Gefühle erzeugt und genährt werden und danach trachten, sich selbst zu erfüllen (siehe: Elementale). Die Elementale ziehen Situationen an, in denen ich immer wieder dieselben autoaggressiven Gedanken habe, mir also permanent meine destruktiven Glaubenssätze bestätige. Das emotionale Aurafeld, das dem Sakralchakra zugeordnet wird, speichert diese negativen Energien und zieht nach dem Gesetz der Resonanz (siehe: Geistige Gesetze), Menschen an, die mir garantiert meine gegen mich selbst gerichteten Überzeugungen spiegeln werden.

Gedankenhygiene zu betreiben bedeutet, sich nicht ständig in Grübeleien zu verlieren, also statt problemorientiert, besser lösungsorientiert zu denken. Beim Grübeln kreisen unsere Gedanken immer um denselben Punkt, ohne dass wir zu einer Lösung kommen. Wir fangen bei „A" an, hören bei „Z" auf, nur um sogleich bei „A" wieder anzufangen. Dieses Verhalten, das an einen Hamster in seinem Laufrad erinnert, bringt uns um die benötigte Aufmerksamkeit für den Augenblick, kostet uns viel Energie, mit der wir unerwünschte Elementale nähren, und führt dabei zu keinen nennenswerten Ergebnissen.

Dabei ist es sehr wichtig, dass wir uns ganz gezielt mit unseren Problemen beschäftigen. Entweder wir nehmen uns Zeit, über alle Möglichkeiten und Herausforderungen unseres Problems nachzudenken, zum Beispiel indem wir uns bei einer Tasse Kaffee alles notieren, was uns in diesem Zusammenhang einfällt. Das ist sehr produktiv, denn es hilft uns, Klarheit zu erlangen. Oder aber wir beschäftigen uns in dem Moment mit unserem Problem, der die Möglichkeit bietet, es zu lösen. Es ist durchaus sinnvoll, sich ganz auf das Problem zu konzentrieren, wenn wir zum Beispiel der Person begegnen, deren Verhalten uns Kummer bereitet. Dann können wir den Moment nutzen, um Aussprache bitten und die Angelegenheit klären. Folgende Zen-Geschichte verdeutlicht, was gemeint ist.

Schmutzige Straße

Tanzan und Ekido wanderten einmal eine schmutzige Straße entlang. Zudem fiel auch noch heftiger Regen. Als sie an eine Wegbiegung kamen, trafen sie ein hübsches Mädchen in einem Seidenkimono, das die Kreuzung überqueren wollte, aber nicht konnte. „Komm her, Mädchen", sagte Tanzan sogleich. Er nahm sie auf die Arme und trug sie über den Morast der Straße. Ekido sprach kein Wort, bis sie des Nachts einen Tempel erreichten, in dem sie Rast machten. Da konnte er nicht mehr länger an sich halten. „Wir Mönche dürfen Frauen nicht in die Nähe kommen", sagte er zu Tanzan, „vor allem nicht den jungen und hübschen. Es ist gefährlich. Warum hast du das getan?" „Ich ließ das Mädchen dort stehen", sagte Tanzan, „trägst du sie immer noch?"

Es ist hilfreich, mittels regelmäßiger Meditation einen unabhängigen Beobachter in uns zu entwickeln, der das, was wir denken und fühlen, mit einer gewissen Distanz, aus einer „Metaposition" heraus, wahrnimmt. Diese Beobachtung ermöglicht es uns zu erkennen, wie unsere Glaubenssätze und Prägungen unsere Realität bestimmen. Wir können wahrnehmen, wie unsere „selbsterfüllenden Prophezeiungen" sich in unserem Alltag manifestieren und dort unsere Wirklichkeit erzeugen. Ist der Beobachter gut entwickelt, wird den negativen Elementalen die Kraft entzogen, da die destruktive Ladung erkannt und keine weiteren gleichartigen Gedanken mehr erzeugt werden. Wir verändern unsere Resonanz, sodass wir uns nun keine Menschen und Situationen mit negativer oder gar destruktiver Ausstrahlung anziehen.

Wer mehr zu diesem Thema nachlesen möchte, dem empfehle ich das Buch von Beat Imhof: *„Wie auf Erden so im Himmel"*.

Bewertung und Beurteilung

Alles ist das Beste

Als Banzan über den Markt ging, hörte er ein Gespräch zwischen einem Metzger und einem Käufer. „Gib mir das beste Stück Fleisch, das du hast", sagte der Käufer. „Alles in meinem Laden ist das Beste", erwiderte der Metzger. „Du kannst hier nicht ein einziges Stück Fleisch finden, das nicht das beste ist". Bei diesen Worten wurde Banzan erleuchtet.

Diese Zen-Geschichte verdeutlicht in kurzen Worten, warum es entgegen unserer durch Erziehung und Gesellschaft geprägten Vorstellung nicht sinnvoll ist, zu bewerten und zu beurteilen. Aus unserer alltäglichen Erfahrung heraus, dass wir entscheiden, welcher Artikel günstiger, welche Wohnung geräumiger, welche Frau schöner und welcher Mann vermögender ist als andere, neigen wir dazu, diese Bewertungen auch auf unser Erleben zu übertragen. Jeder Augenblick, jede Begegnung wird beurteilt: Haben wir Nutzen oder Schaden davon? Zahlen oder verdienen wir? Ist jemand schöner oder hässlicher, erfolgloser oder erfolgreicher als wir? In dem Moment aber, in dem wir in die Beurteilung gehen, trennen wir uns von der Einheit. Wir separieren Menschen und Situationen aus dem Strom des Lebens, indem wir ihnen einen Namen geben. Sie heißen dann zum Beispiel Problem, Unglück, Herausforderung, Konkurrenz oder Stress.

Unsere Beurteilung macht aus dem Licht einer Deckenlampe einen Punktstrahler, der lediglich in der Lage ist, eine Position zu beleuchten, anstatt den ganzen Raum zu erhellen. Durch unsere Bewertung nehmen wir nur noch einen Ausschnitt dessen wahr, was der Moment an Möglichkeiten zu bieten hat. Leiten wir nun aus unserer Bewertung und Beurteilung heraus eine Handlung ab, geht es uns so wie Linus bei den Peanuts. Die Mutter sagt: „Lucy, gib deinem Bruder ein paar Buntstifte ab." Daraufhin sagt Linus: „Sie hat mir Weiß, Schwarz und Grau gegeben". Wenn wir Linus jetzt auffordern, eine bunte Blumenwiese zu malen, wird ihm das mit den ihm zur Verfügung stehenden Farben wohl kaum gelingen. So wenig, wie wir durch das Raster unserer Wahrnehmung, das nur einen Teil der Wirklichkeit für uns erkennbar macht, die Fülle des Seins wahrnehmen können.

Es geht darum, alles so zu nehmen, wie es ist, um von dieser Grundlage aus, die ja alle Möglichkeiten impliziert, zu fragen: „Wie gehe ich mit der Situation um, damit sie mir dienlich ist? Was kann ich aus ihr lernen? Welchen Impuls gibt sie mir?" Mit dieser Haltung kann jeder Augenblick in unserem Leben „das beste Stück im Laden" sein. Wenn ich immer wieder bereit bin, loszulassen und mich ganz dem Sein hinzugeben.

Zweifel

„Das ist der ganze Jammer: Die Dummen sind sich sicher, und die Gescheiten so voller Zweifel."

(Bertrand Russell)

Wer kennt sie nicht, die Zweifel, die uns bei jeder Entscheidung, die wir treffen, erfassen. Die nagenden Zweifel in Situationen, in denen wir uns gerne verändern möchten, aber nicht wissen wie. Die Zweifel, die uns packen, wenn wir es doch einmal geschafft haben, uns abzugrenzen, weil wir befürchten, nun einen Fehler gemacht zu haben.

Zweifel nehmen „Raum" ein. Stellen Sie sich ein weißes Blatt Papier vor. Dieses leere Blatt bietet eine unendliche Menge an Möglichkeiten: darauf zu schreiben, zu zeichnen oder zu malen. So, wie das Leben uns in jedem Moment eine Unmenge an Möglichkeiten bietet. Wenn Sie nun einen Stift oder einen Drucker nehmen und das ganze Blatt von oben bis unten mit all Ihren Zweifeln vollschreiben, bietet es Ihnen keinen Platz mehr, um es nach Ihren Vorstellungen zu gestalten. Unsere Zweifel verhindern also, dass sich etwas Neues, Besseres in unserem Leben manifestieren kann. Sie können sich Zweifel auch als Unkraut auf einem Acker vorstellen. Wenn das ganze Feld zugewuchert ist, kann kein Same mehr dort keimen, da er keinen Platz findet, um Wurzeln zu schlagen, und kein Licht bekommt, um zu wachsen.

Zweifel sind unsere Gegner, denn energetisch gesehen haben sie eine sehr unerwünschte Wirkung: Nach dem Gesetz der Resonanz ziehen unsere Zweifel Bestrafungselemente an, also Menschen und Situationen, die uns beweisen, dass wir allen Grund zum Zweifeln hatten, indem sie uns demonstrieren, dass wir falsch entschieden, reagiert oder gehandelt haben.

Das Problem liegt in der Differenz zwischen dem, was wir denken, und dem, was wir fühlen. Denken wir: „Natürlich darf ich mir etwas gönnen, ich muss ja an meinem Selbstwert üben", fühlen aber: „Jetzt habe ich einen Menschen zurückgewiesen" oder „Ich bin es gar nicht wert, dass es mir gut geht", dann geben wir Spannung in die Akasha und bekommen nach dem Gesetz der Resonanz Spannung zurück. Nur wenn Fühlen und Denken deckungsgleich sind, ziehen wir keine negativen Energien an.

Das kann in Ausnahmefällen auch einmal negative Folgen für die Umwelt haben. Nämlich wenn zum Beispiel ein Mafiaboss der Überzeugung ist, dass es richtig und in Ordnung ist, Menschen- und Organhandel und Zuhälterei zu betreiben und er dabei von keinerlei Zweifeln an seinem Tun geplagt wird. Dann zieht der sich keine Bestrafungselemente an. Er wird in dieser Inkarnation ungestraft sein Machwerk vollbringen können. Aber auch das stellt eine der unzähligen Erfahrungsmöglichkeiten dar, die gelebt werden will. Natürlich wird dieses von ihm geschaffene negative Karma in einer anderen Inkarnation wieder ausgeglichen werden müssen, aber hier auf der Erde wird er kaum die Konsequenzen seines Handelns zu tragen haben.

In aller Regel wirkt es sich aber positiv aus, wenn unser Denken und Fühlen identisch ist. Deshalb ist es so wichtig, dass wir Gedankenhygiene betreiben, problemorientiertes in lösungsorientiertes Denken transformieren und unsere Gefühle anschauen, um sie mental zu prüfen und aus ihren festgefahrenen Bahnen befreien zu können. Wie hat OSHO so passend gesagt: „Das Einzige, was wir bezweifeln sollten, ist der Zweifel selbst."

Prägungen

Prägungen entstehen innerhalb der ersten sieben Monate durch die Eltern und innerhalb der ersten sieben Jahre durch Eltern, Erzieher und Gesellschaft. Bruce H. Lipton / Steve Bhaerman schreiben in ihrem Buch *„Spontane Evolution"*:

„Die Gehirnaktivität während der ersten zwei Lebensjahre des Kindes findet vorwiegend im Delta statt, dem niedrigsten Frequenzbereich des EEG. [...] Die Alpha-Frequenzen (8-12 Hz / Entspannte Aufmerksamkeit) der bewussten Informationsverar-beitung treten bei Kindern erst ab dem Alter von sechs Jahren stärker auf. Die dominierenden Frequenzbereiche Delta (0,5-4 Hz Schlaf / Unbewusst) und Theta (4-8 Hz / Imagination, Träume-rei) weisen darauf hin, dass das Gehirn unterhalb der bewussten Ebene arbeitet. [...] Alles, was ein Kind wahrnimmt, wird direkt in sein Unterbewusstsein eingebaut, ohne Unterscheidung und ohne die Filter eines analytischen, selbstbewussten Geistes, der sich noch gar nicht vollkommen entwickelt hat. Unsere grund-legenden Einstellungen gegenüber dem Leben und unsere Rolle darin werden daher erlernt, ohne dass wir uns dafür oder dage-gen entscheiden können."

Daher ist es unabdingbar, dass wir als Erwachsene einen inneren Zugang und ein Verständnis für unsere Prägungen ent-wickeln, um uns ihrer permanenten Manipulation zu entziehen und mittels unseres Bewusstseins über sie hinauszuwachsen.

Also sorgen wir dafür, dass wir das Maximale aus unserem Gehirn herausholen, indem wir mittels unseres Bewusstseins immer wieder entgegen unserer aufgeprägten Muster arbeiten und dadurch neue Erfahrungen zulassen, die letztlich nachweis-lich die Struktur unseres Gehirns und somit unser Denken und Fühlen verändern.

Wenn wir keinen Platz in unserem Keller (also unserem Unterbewusstsein) schaffen und stattdessen altes Gerümpel (Muster und Prägungen) horten, das wir schon lange nicht mehr brauchen, können wir den leckeren Wein (in Form neuer, frischer, uns nährender Erfahrungen), den uns der Weinhändler (also das Leben) vor die Kellertür stellt, nicht einlagern. Wenn wir dann in den Keller gehen, können wir uns nicht den guten Wein holen und uns an ihm erfreuen, sondern müssen immer wieder nur unser Gerümpel anschauen. Entscheiden Sie selbst, was Sie attraktiver finden.

Entwicklung und Ego

„Der Mensch, der bereit ist, seine Freiheit aufzugeben, um
Sicherheit zu gewinnen, wird beides verlieren."

(Benjamin Franklin)

Wir als verkörperter Seelenanteil sind inkarniert, um uns selbst zu erfahren und unsere Potenziale und Möglichkeiten zu entfalten und zu erleben. Unsere unvergängliche Seele, die unseren materiellen Körper erst mit Leben erfüllt, ist Teil des Allganzen. Sie ist bereits vollkommen, vollendet und makellos. Der Sinn unseres irdischen Lebens liegt darin, dass wir uns entwickeln; wobei man das Wort „Entwicklung" tatsächlich sehr wörtlich nehmen sollte: Es geht darum, alle Ängste, Muster, Vorurteile, Bewertungen, Glaubenssätze, Prägungen und Weltanschauungen, die wie viele Lagen Geschenkpapier um das eigentliche Geschenk, nämlich unsere Seele, gewickelt sind, Lage um Lage abzutragen. Immer wenn eine Lage aufgelöst wurde, wir uns also ein Stück weiterentwickelt haben, liegt darunter eine weitere Schicht, die bisher von der darüberliegenden verdeckt wurde. Werden wir zum Beispiel von der Angst vor Veränderung bestimmt, wissen wir nicht, dass viel tiefer in uns die Unersättlichkeit oder die Selbstzerstörung wohnt. Erst wenn wir unsere Angst überwinden und beginnen, unser Leben selbst in die Hand zu nehmen, stellen wir fest, dass wir nun von neuen, uns bisher unbekannten Ängsten geplagt werden. Aber auch diese gilt es zu bearbeiten, um so zu unserem wahren Wesenskern vorzudringen und zu dem/der zu werden, der/die wir wirklich sind.

In uns allen sind Qualitäten, Potenziale und Talente angelegt, deren Freisetzung im Hier und Jetzt nur durch unsere Blockaden behindert wird. Befreien wir uns also von allem, was uns in unserem Selbstausdruck behindert. So wird das helle Licht unserer Seele nicht länger verdeckt, und wir können mit unserem Strahlen uns und auch die Dunkelheit anderer Menschen erhellen.

Bei unserer persönlichen Entwicklung müssen wir uns selbst treu bleiben. Es geht darum, nicht zu vergleichen oder zu bewerten, welches Potenzial oder Talent besser oder lukrativer ist, meins oder das der anderen. Jede Gabe und jedes Talent unterliegen der Dualität und können sich in unterschiedlichen Situationen positiv oder auch negativ auswirken. Der Geduldige trifft keine vorschnellen, unüberlegten Entscheidungen, wird aber, wenn es die Situation erfordert, kaum spontan handeln können. Der Ungeduldige wiederum schießt schon einmal über das Ziel hinaus, kann aber bei Bedarf flexibel reagieren.

Wir können nicht die positive Seite unserer Eigenschaften unser eigen nennen, ohne den negativen Pol gleichzeitig in uns zu tragen, so wenig, wie wir nur auf einer Seite der Wippe wippen können. Wenn wir alle stets fehlerfrei handeln, bedingungslos lieben und gerecht denken würden, wäre Entwicklung nicht mehr nötig und auch nicht mehr möglich, da fehlende Polarität immer zu Stagnation führt.

Das Einzige, was wir von der Erde mitnehmen können, ist das, was wir aus uns heraus für uns in diesem Leben entwickeln. Alles Materielle ist vergänglich, aber alle unsere Erfahrungen werden im kausalen Aurafeld abgespeichert und stehen uns somit in der nächsten Inkarnation wieder zur Verfügung.

Entscheidend ist allerdings, dass wir zu unserer persönlichen Entwicklung bereit sind und unser Erleben und Erfahren bejahen, um reifen und wachsen zu können. Dazu eine kleine Analogie:

In jedem Vogelei ist der Vogel bereits angelegt, auch wenn zuerst nur das Ei sichtbar ist. Stellen Sie sich vor, das Ei würde seine Evolution verweigern. Es würde sagen: „Ach nein, ich möchte mich nicht verändern. Alles ist gut so. Ich möchte nicht, dass etwas in mir wächst, das ich nicht kontrollieren kann. Und womöglich gehen dabei auch noch meine schönen, schützenden Schalen zu Bruch…"

So könnte aus dem Ei nie ein Vogel werden, der sich gen Himmel schwingt. Aber genau dazu ist das Ei ja gedacht, dass es sich wandelt, transformiert, und etwas in ihm wächst, das es verändert, um sich aus den engen, begrenzenden Schalen zu befreien und Freiheit zu erfahren.

Das Ei ist vergleichbar mit dem Ego, das sich durch unser beständiges Streben nach Höherem und Schönerem, durch unser Mangeldenken und unsere Unzufriedenheit bemerkbar macht. Das Ego ist der Motor, der unser Wachstum anfeuert, da es uns unzählige Erfahrungen beschert. Unser Ego schützt uns wie die Schalen das Ei. Es gibt uns das trügerische Gefühl von „Ich" und Kontinuität. Dabei hält es unsere Wahrnehmung so begrenzt, wie die Eierschalen von einem bestimmten Punkt an den sich entwickelnden Vogel beengen. Darum sollten wir uns entwickeln, die harten Schalen unseres Egos überwinden, um gleich einem wunderbaren Vogel unser Leben in Freiheit zu leben und alle Erfahrungen zuzulassen, die wir gewählt haben.

Chakren und Aura

Die Chakren sind die energetischen Zentren unserer Aura, des feinstofflichen Energiefelds unseres Körpers. Sie zeigen sich als verschiedenfarbige, hochfrequente Energiewirbel, die optisch einem kleinen Tornado ähneln und sich von der Wirbelsäule nach vorne öffnen, und bei sehr spirituellen Menschen auch nach hinten hin. Die Größe eines Chakras hängt davon ab, wie viel Energie in es hineinfließt. Es kann umso mehr Energie aufnehmen, je größer es ist. Erfahre ich mich bewusst und freudvoll, bearbeite ich meine Lebensthemen und befreie mich durch aktives Tun von meinen Blockaden in Form von Ängsten, Traumen und Prägungen, öffnen sich die Chakren, und es fließt mehr Energie in sie hinein. Jedes gut genährte Chakra versorgt wiederum zusätzlich die umliegenden Chakren mit Energie, sodass die Gesamtenergie in meinem Körper umso besser fließt, je weiter die Chakren geöffnet sind, da diese dann mehr Energie von außen aufnehmen können.

Bestenfalls sind die Chakren möglichst gleichmäßig vom Wurzel- bis zum Kronenchakra hin geöffnet. Sind einige Chakren deutlich größer als andere, drängen sie die umliegenden Chakren zusammen, sodass dort nur wenig Energie fließen kann. Wenn beispielsweise durch sehr egozentrisches Verhalten der Solarplexus Übergröße annimmt, werden das Herzchakra und das Sakralchakra zusammengedrückt, und das in ihnen angelegte Potenzial kann sich nicht entfalten.

Blockaden aber sind niedrigschwingender, also niederfrequenter als die Chakren, und verlangsamen dadurch deren Rotation. Langsamer rotierende Chakren wiederum nehmen weniger Energie auf, sodass das Chakra sich verengt. Sind einzelne Chakren nun durch Traumen, Prägungen oder Ängste belastet, entsteht ein Ungleichgewicht zwischen den hoch- und den niederfrequenten Chakren. Das kann man sich bildlich so vorstellen, als wenn man einen Backstein in der Waschmaschine schleudert: Die ganze Waschmaschine gerät aus dem Gleichgewicht. So geraten auch wir psychisch und physisch aus unserer Mitte, wenn Blockaden und Ängste unsere Chakren verkleinern.

Auch plötzliche traumatische Erlebnisse, Psychopharmaka oder anhaltende Stagnation in Verbindung mit Pessimismus können dazu führen, dass unsere Chakren sich verengen oder sogar ganz schließen. Das führt zu physischen und auch psychischen Beschwerden. Sie öffnen und weiten sich aber wieder durch entsprechende Bewusstmachung und Bearbeitung der Themen, die dazu geführt haben, dass die Chakren sich verkleinert haben.

Jedem Chakra können eindeutig Themen zugeordnet werden, die ich im Einzelnen in kurzen Abschnitten näher erläutern werde. Anhand dieser Zuordnung können Sie klar erkennen, welches Thema Einfluss auf welches Chakra nimmt, und welche Themen Sie in Ihrem Leben bearbeiten sollten, damit Ihre Chakren sich weiten und mehr Energie in Ihre Aura fließt. Es gibt sieben Hauptchakren. Von unten nach oben aufsteigend sind zu nennen: Wurzelchakra, Sakralchakra, Solarplexus, Herzchakra, Kehlkopfchakra, Stirnchakra (Drittes Auge) und Kronenchakra.

1. **Das Wurzelchakra** ist das feinstoffliche Organ unserer Vital- oder Ätheraura. Dieses Aurafeld gibt Aufschluss darüber, wie es um unsere Gesundheit und Lebensenergie bestellt ist und wie gut wir im Leben verwurzelt sind.
2. **Das Sakralchakra** repräsentiert das emotionale Aurafeld. Dort sind unsere Gefühle, Wünsche und Begierden, aber auch unsere Blockaden aus diesem oder vorangegangenen Leben gespeichert.

3. **Der Solarplexus** wird der Mentalaura zugerechnet. Unsere mentalen Gedanken und intellektuellen Erkenntnisse sind dort ebenso gespeichert wie unsere Glaubenssätze und rationalen Blockaden.
4. **Das Herzchakra** zeigt, wie gut unsere Liebesfähigkeit, unsere Eigenliebe und unsere Herzensqualitäten ausgeprägt sind.
5. **Das Kehlkopfchakra** gibt Auskunft über unsere sachlich-fachliche und emotionale Kommunikationsfähigkeit. Es wird der Kausalaura zugerechnet.
6. **Das Dritte Auge** stellt unseren Zugang zur Intuition dar und gibt Aufschluss über unsere Fähigkeiten für Hellwahrnehmungen aller Art.
7. **Das Kronenchakra** ermöglicht uns den Zugang zu Licht und Liebe, zu unserer geistigen Führung und zum Göttlichen.

Ich möchte keine weiteren Ausführungen über die Chakren machen, da es Bücher gibt, die sich anschaulich mit diesem Thema befassen. Vielmehr werde ich nun auf die Themen, die den Chakren zugeordnet sind, näher eingehen, um damit eine Hilfestellung für eine konkrete Umsetzung unserer Erkenntnisse im Alltag zu geben.

Das Wurzelchakra

Das Wurzelchakra liegt zwischen Anus und Genitalien und ist mit dem Steißbein verbunden. Seine Öffnung zeigt nach unten. Die Farbe ist ein feuriges Rot.

Das Wurzelchakra, das als feinstoffliches Organ den Zustand der Vitalaura repräsentiert, gibt Auskunft über unsere Vitalität und Lebenskraft. Es zeigt den körperlichen Willen zum Sein und unsere Beziehung zur materiellen Welt.

Bei guter Entwicklung des Wurzelchakras haben wir einen ausgeprägten Lebenswillen. Wir fühlen uns voller Lebenskraft, verfügen über innere Stärke, sind gut geerdet, gesund und emotional stabil. Wir leben in der Fülle, sind zufrieden, großzügig und optimistisch und pflegen einen liebevollen Umgang mit unseren Mitmenschen. Wir besitzen ein tragfähiges Urvertrauen und sind uns jederzeit sicher, dass uns Nahrung, Geborgenheit und Schutz zuteilwird.

Erfahren wir in den ersten Lebensjahren Liebe, Aufmerksamkeit, Geborgenheit und Fürsorge, ist der Grundstein für ein gut entwickeltes Wurzelchakra gelegt.

Bei existentiellen (Geld-)Problemen, mangelndem Lebenswillen und heftigen Überreaktionen (wenn erstes und drittes Chakra in negativem Zusammenhang stehen) ist oft die Wurzelenergie gestört. Gier, Neid, Missgunst und Herrschsucht zeigen dann ihre Wirkung in unserem Leben.

Ist das Chakra zu klein, zeigt sich dies durch Stagnation in der Umsetzung und Starrheit im Alltag. Unser Feinsinn geht verloren. Ist es zu groß, haben wir eine übermäßig materielle Anbindung, können nicht loslassen und wollen uns ständig nach allen Seiten hin absichern.

Folgende Themen nehmen eindeutig Einfluss auf den Zustand des Wurzelchakras:

Angstwurzeln und Urvertrauen

„Wenn die Wurzeln nicht vertrocknet sind, ist der Baum noch nicht tot."

(Dalai-Lama)

Mangelndes Urvertrauen ist eine grundlegende Ursache für viele unserer alltäglichen Probleme. Was Urvertrauen ist, wie sich fehlendes Urvertrauen auf unsere Existenz auswirkt und was zu tun ist, um unser Urvertrauen zu stärken, möchte ich im Folgenden aufzeigen.

Das Urvertrauen ist dem Wurzelchakra zugeordnet und sorgt dort bei entsprechender Entwicklung für eine tragfähige Verwurzelung des Menschen, die auch als Erdung bezeichnet wird.

Die Analogie zu einer Blume ist leicht zu erkennen. Wenn eine Blume Wurzeln hat, ist sie in der Lage, sich so zu nähren, dass sie Blätter und Blüten treiben kann. Auch wir Menschen können nur „zu voller Blüte" gelangen, also unser ganzes, in uns angelegtes Potenzial freisetzen, wenn wir gut verwurzelt sind.

Auch Bäume dienen uns als gutes Vorbild: Wenn sie fest verwurzelt sind, können sie wachsen und gedeihen und Regen, Schnee, Kälte, Hitze, Wind oder Sturm trotzen.

Ich liebe alte Buchen. Gerne wäre ich wie eine von ihnen. Gut verwurzelt (Urvertrauen), mit einem mächtigen, tragfähigen Stamm (gesunder und kräftiger Körper) und einer üppigen Krone (Gottvertrauen). Zudem verstoffwechselt sie für uns schädliche Gase (Transformation negativer Energien), nährt mit dem Sauerstoff, den sie produziert, andere Lebewesen und bietet Waldtieren und Insekten Schutz und ein Zuhause (Herzensqualitäten).

Urvertrauen ist die Bereitschaft, sich für Erfahrungen zur Verfügung zu stellen. Wie bereits erwähnt, besteht die Hälfte unserer Lebensaufgabe darin, für unsere Seele Erfahrungen zu sammeln. Allerdings machen wir Erfahrungen in der Regel nicht in den guten Stunden unseres Lebens, sondern lernen häufig nur durch Schwierigkeiten oder in Krisen.

Aus der Hirnforschung ist bekannt, dass die Entwicklung unseres Gehirns im Wesentlichen bis zum siebten Lebensjahr abgeschlossen ist und unsere Verhaltensmuster ab diesem Zeitpunkt nur noch durch Krisen und Schwierigkeiten verändert werden können.

Meistens möchten wir lieber keine Erfahrungen machen, aus Angst vor unseren Prägungen: der Angst, Fehler zu machen, der Angst zu versagen, der Angst vor Zurückweisung oder der Angst vor Liebesentzug (siehe: Herzchakra).

Eine zweite wichtige Grundlage für das Urvertrauen ist das bedingungslose „Ja" zu unserer irdischen Existenz. Gerade alte Seelen haben aufgrund einer Vielzahl von Verletzungen auf physischer und psychischer Ebene in etlichen Inkarnationen häufig Probleme mit dem Lebenswillen. Ganz nach dem Motto: „Ist ja ganz nett hier, aber brauche ich das wirklich? Das Leben ist so kompliziert und anstrengend, und wir Menschen sind dabei, unseren Planeten zu ruinieren..."

Ja, natürlich brauche ich das Leben! Erstens habe ich mittels meines Seelenplans selbst entschieden, wann, wo und bei wem ich inkarnieren möchte. Keiner hat mich dazu gezwungen, ich bin aus freien Stücken hier. Zweitens habe ich einen wichtigen

Auftrag: Ich will die Freuden der Dualität erleben und für meine Seele Erfahrungen sammeln. Und drittens bietet mir meine Verkörperung sinnliche Verarbeitungsmöglichkeiten, die mir auf der astralen Ebene in der Form nicht zur Verfügung stehen. Und wenn ich schon einmal da bin, kann ich doch eigentlich auch das Beste daraus machen, oder nicht?

Auch die Akzeptanz von Chaos hilft uns, unser Urvertrauen wachsen zu lassen. Bruce Lipton bringt in seinem Buch „*Spontane Evolution*" ein sehr gutes Beispiel dazu:

„Stellen Sie sich vor, Sie schauten von oben in die Haupthalle des Hauptbahnhofs von New York. Es ist Rushhour, Scharen von Menschen eilen hin und her. Es wirkt zufällig, doch abgesehen von sehr wenigen Ausnahmen hat jede dieser Personen ein bestimmtes Ziel. Wenn wir über die Intelligenz verfügten, die Gedanken all dieser Menschen zu durchschauen, wäre uns die Sinnhaftigkeit ihrer Bewegungen, ihrer Beschleunigungen, ihres Anhaltens und ihrer Richtungswechsel klar."

Genauso ist es in unserem Leben. Auch wenn wir von außen die Zusammenhänge nicht erkennen können, ist doch jedes Geschehnis, jede Begegnung, jeder Konflikt oder gar eine Krise zielgerichtet und sinnvoll für unsere Entwicklung. Deshalb ist es dienlich, eine gewisse Widerstandslosigkeit zu entwickeln und sich dem Strom des Lebens hinzugeben, anstatt ständig Menschen und Situationen ändern oder beeinflussen zu wollen.

Was passiert, wenn uns die Verwurzelung fehlt? Wenn wir kein Urvertrauen haben, sind wir getrieben von einem zwingenden Bedürfnis, alles unserem Eigenwillen unterzuordnen. Wir versuchen, das Leben zu „machen" und können uns nicht mehr dem Strom des Lebens hingeben. Wir müssen planen, strukturieren, kontrollieren. Auf alles, was sich unserer Kontrolle entzieht, reagieren wir entweder mit autoaggressiven

Schuldgefühlen oder Wut. Es ist uns nicht möglich, den tieferen Sinn all dessen, was uns widerfährt, zu akzeptieren oder zu durchdringen. Wir sind getrennt von der Einheit, fühlen uns als Opfer der Umstände und Situationen. Vielleicht empfinden wir das Leben als sinnlos und fragen uns immer wieder, wofür wir überhaupt existieren.

Wir tun alles, um Sicherheit in unser Leben zu bringen. Sicherheit in Form von Geld, Besitz, Haus und Grund, Ehe, Familie, Versicherungen usw. Die Angst vor Arbeitslosigkeit, finanziellen Unwägbarkeiten oder gar Verlusten wächst. Die Bereitschaft und auch die Fähigkeit, Verantwortung zu übernehmen, nehmen ab.

Von außen betrachtet scheinen wir gut genährt. Tatsächlich sind diese „Angstwurzeln" im Krisenfall kaum tragfähig, denn uns fehlt die Erdung. Durch unser hohes Kontrollbedürfnis und die Angst vor Verantwortung wird das Leben sehr anstrengend, weil wir unsere Aufmerksamkeit kaum auf den Augenblick richten, sondern gedanklich immer an mehreren Orten gleichzeitig sind. „Gott klopft an deine Tür, doch du bist nie zu Hause", hat einmal ein kluger Mensch gesagt. Gemeint ist, dass wir kaum im Hier und Jetzt, sondern, obwohl anwesend, geistig meistens abwesend sind.

Unter der mangelnden inneren Ruhe leidet wiederum die Genussfähigkeit, weil wir die kleinen Freuden des Alltags kaum noch wahrnehmen. Auch die Hingabe an den Moment geht verloren, was sich negativ auf unsere Kreativität und auch auf die Sexualität auswirkt.

Die Angst, Fehler zu machen

„Der schlimmste Fehler in diesem Leben ist, ständig zu be-
fürchten, dass man einen macht."

Unsere Angst, Fehler zu machen, beeinflusst den Zustand
unseres Wurzelchakras. Wir alle fürchten uns davor, etwas falsch
zu machen. Schon in der Schule erfahren wir, dass wir schlecht
beurteilt werden, wenn wir Fehler machen. Wir lernen, unseren
Selbstwert ins Verhältnis zu unseren Mitschülern zu setzen. Bald
beurteilen wir uns als dümmer und wertloser den Guten gegenüber, jedoch als besser und intelligenter denen gegenüber, die
mehr Fehler machen als wir. Werden wir im Elternhaus noch
entsprechend unseren Leistungen sanktioniert, tun wir nun alles, um Fehler zu vermeiden. Oder wir versuchen, uns den Situationen zu entziehen, in denen wir Fehler machen könnten. Dann
geben wir die Eigenverantwortung ab, machen uns zum Opfer
der äußeren Gegebenheiten und umgehen jede Entscheidung.

Denn Entscheidungen zu treffen und daraus Handlungen
abzuleiten birgt unkalkulierbare Risiken und Gefahren. Treffen
wir Entscheidungen, könnten diese möglicherweise falsch sein,
weil wir die sich ergebenden Konsequenzen nicht richtig kalkuliert haben. Wir sind gezwungen, zu unseren Entscheidungen zu
stehen und die Verantwortung dafür zu übernehmen. Vielleicht
müssen wir uns vor anderen für unser Tun rechtfertigen oder
uns zu einem späteren Zeitpunkt Vorwürfe gefallen lassen. Entscheidungen zu treffen kann auch bedeuten, zwischenmenschliche Schwierigkeiten zu erzeugen oder finanzielle Einbußen zu
erleiden.

All dem entgehen wir, indem wir erst gar nicht handeln und
entscheiden. Dann sind wir an nichts schuld, keiner kann uns

etwas vorwerfen, und wir tragen keine Verantwortung. Das ist jedoch leider nur die halbe Wahrheit. Treffen wir aus Angst keine Entscheidungen, bringen wir uns um die Möglichkeit, zu erfahren, ob die von uns getroffenen Entscheidungen richtig sind und es uns ermöglichen, ein freieres, befriedigenderes, lebenswerteres Leben zu führen. Dass wir erfolgreich sein, menschlich wachsen und reifen, unsere alten Muster überwinden und durch neue Erfahrungen ersetzen können. Wenn wir mutig sind und unsere Angst überwinden, kann etwas Neues, Größeres, Schöneres entstehen. Aber nur dann, wenn wir bereit sind, Entscheidungen zu treffen, aktiv zu handeln und Veränderung in unserem Leben zuzulassen.

Krankheit und Gesundheit

„Geh du vor", sagte die Seele zum Körper. „Auf mich hört er nicht, vielleicht hört er auf dich." „Ich werde krank werden, dann wird er auf dich hören", sagte der Körper zur Seele.

(Ulrich Schaffer)

Fehlt mir das Urvertrauen, wächst unweigerlich die Angst vor Krankheit in mir. Krankheit ist grundsätzlich ein Ausdruck meiner Seele. Gewohnheitsmäßig neigen wir alle dazu, durch ein Übermaß an Aktivitäten vor uns selbst zu fliehen. Wenn ich mir aber keine Zeit und Ruhe einräume, meiner inneren Stimme zu lauschen, hat die feinstoffliche Seele keine Möglichkeit, mir Klarheit über meine selbst gewählten Ziele und Erfahrungen zu vermitteln. Lebe ich also langfristig gegen meinen Seelenplan, ist die Seele genötigt, sich über den grobstofflichen Körper bemerkbar zu machen. Rüdiger Dahlke und Thorwald Dethlefsen haben mit ihren Büchern *„Krankheit als Weg"* und *„Krankheit als Symbol"* systematisch die seelischen oder auch psychischen Hintergründe der meistensen Krankheiten aufgelistet, sodass jeder, der daran interessiert ist, sich Klarheit über das Thema verschaffen kann, das es zu bearbeiten gilt. In Bezug auf den Erscheinungsort der Krankheit können zudem eindeutige Schlussfolgerungen auf das Chakra und die dahinterliegenden Themen gezogen werden. Die Medizin kann uns gesund machen, aber Heilung erfahren wir nur, wenn wir durch die Aufarbeitung unserer ungeklärten Themen und Prozesse „heil" werden.

Die schlechte Nachricht ist: Wir machen uns selbst krank.

Die gute Nachricht ist: Wir heilen uns selbst.

Die Verantwortung für unsere Gesundheit zu übernehmen fällt uns schwer. Zum einen haben wir häufig keinen guten Zugang zu unserem eigenen Körper. So lange er funktioniert und uns keine Schmerzen quälen, sehen wir kaum Bedarf, uns um sein Wohl zu kümmern. Wir essen, was vermeintlich schmeckt, trinken, was wir mögen oder gerade „in" ist, und stopfen uns sorglos mit Genussmitteln aller Art voll. Erste auftretende körperliche Symptome behandeln wir umgehend mit Schmerztabletten, Schnupfensprays, Salben und Ähnlichem. Wir achten zwar darauf, den richtigen Sprit in unser Auto zu tanken, machen uns aber keinerlei Gedanken, ob der „Sprit", mit dem wir unseren Organismus versorgen, die richtigen Inhaltsstoffe besitzt, um unseren Körper optimal funktionieren zu lassen.

Zum anderen wollen oder können wir uns nicht vorstellen, dass unsere Seele sich über den Körper bemerkbar macht. So suchen wir bei den ersten Anzeichen einer Krankheit einen Arzt auf, der uns in aller Regel darin bestätigt, dass wir, ähnlich einer Maschine, einen „Defekt" haben und mittels der schulmedizinischen Möglichkeiten wieder „repariert" werden können. Wir erhalten meistens keinen Hinweis darauf, dass die Symptome mit uns und unserem Lebensstil zu tun haben. So fühlen wir uns als Opfer unserer Erkrankung und hadern mit der Frage, warum es gerade uns getroffen hat, warum das Leben es so schlecht mit uns meint und uns so leiden lässt.

Aber gerade die bereitwillige Annahme, dass wir selbst unsere Krankheit verursachen, gibt uns ja die Möglichkeit, über jede schulmedizinische oder alternativ-therapeutische Behandlung hinaus unseren Heilungsprozess aktiv zu unterstützen, indem wir die Ursachen, die zum Ausbruch der Krankheit geführt haben, erkennen wollen und so bereit sind, Veränderungen in unserem Leben herbeizuführen. Die Krankheit ist somit nicht länger eine „Heimsuchung", sondern unser Entwicklungshelfer. Sie weist uns den Weg, zeigt uns, wo wir hinschauen müssen, zwingt uns zu der Ruhe, die wir uns selbst nie gönnen, und ermöglicht es uns, unser Leben grundlegend zu verändern.

Es liegt also an uns, ob wir die Botschaft und die Herausforderung einer Erkrankung annehmen oder in der Opferrolle verharren und leiden.

Fliehe ich vor meinen zu bearbeitenden Lebensthemen, zum Beispiel durch übermäßigen Arbeitseinsatz, ist es naheliegend, dass die Seele mich mittels Schlaganfall mit auftretender Lähmung, Unfall oder Knochen-/Sehnen-/Gelenkverletzung zur Ruhe zwingt. Denn wenn ich mich auf der körperlichen Ebene nicht mehr durch Aktivität ablenken kann, bin ich gezwungen, mich nach innen zu wenden und der inneren Stimme zuzuhören. Das ist eine harte Schulung. Doch sie kann vermieden werden, wenn ich bereit bin, mir ganz klar Zeit und Ruhe für meine eigene Person und Entwicklung einzuräumen, weil ich die zwingende Notwendigkeit dafür erkannt habe.

Kranksein kann auch zur Falle werden, ziehe ich aus ihr ei-

nen „Krankheitsgewinn". Kranke mit schlechter Abgrenzungsfähigkeit fühlen nun plötzlich den Mut, sich zu verweigern. In
ihrem Zustand kann ihnen ja keiner mehr etwas abverlangen.
Personen, die aufgrund mangelnder Eigenliebe ein starkes Bedürfnis nach Aufmerksamkeit haben, genießen nun die Beachtung ihrer Mitmenschen, die geduldig der Krankengeschichte
lauschen und vielleicht noch ein paar Blumen vorbeibringen.
Auch das Bestreben, seine Mitmenschen zu beherrschen, kann
im Zuge einer Krankheit voll ausgelebt werden, indem das ge-
samte Umfeld des Kranken gezwungen wird, sich ruhig und
rücksichtsvoll zu verhalten.

Nimmt die Krankheit chronische Züge an, müssen die Betroffenen meistens feststellen, dass das Interesse und die Aufmerksamkeit der Mitmenschen nachlässt und sie sich bald allein in ihrem Krankenbett wiederfinden. Dessen sollte sich jeder
bewusst werden.

Sind Sie selbst, während Sie diese Zeilen lesen, schwer er-
krankt, mögen diese vorgenannten Aussagen in Ihren Ohren
zynisch klingen. Das ist natürlich nicht beabsichtigt. Tatsächlich
aber ist auch eine Krankheit dem Gesetz von Ursache und Wirkung unterlegen. Die meisten schweren Erkrankungen entstehen im Laufe vieler Jahre, bevor sie auf der physischen Ebene
Symptome oder gar Schmerzen verursachen. Sie kommen erst
zum Ausbruch, wenn das Immunsystem aufgrund übermäßiger
Belastungen und mangelnder Erholungsphasen überlastet ist,
oder wenn eine Person so lange in Pessimismus und Stagnation
verharrt, dass die Seele sich nun gezwungen sieht, auf sich und
die Notwendigkeit der Bearbeitung wesentlicher Themen aufmerksam zu machen.

So wenig, wie Sie nach dem Genuss einer Zigarette Lungen-
krebs bekommen, sondern erst durch dauerhaften Tabakkon-

sum, kommt auch ein Schlaganfall, eine Herzattacke oder eine Krebserkrankung nicht urplötzlich über Sie. Bei genauer Analyse würden die meisten Betroffenen feststellen können, dass es vor Ausbruch der Krankheit bereits zu weniger schwerwiegenden Krankheiten gekommen ist, deren Symptome in aller Regel auf dem schulmedizinischen Weg schnellstens behandelt und eliminiert und somit auf der psychischen beziehungsweise seelischen Ebene nicht weiter beachtet wurden. Tatsächlich finden sich sogar im alltäglichen Sprachgebrauch zu dieser Art Unpässlichkeiten genügend Hinweise auf das zu bearbeitende Thema:

Schnupfen = Die Nase voll haben / Husten = Wut – Jemandem etwas husten / Halsschmerzen = Es steht mir im Hals / Magenschmerzen = Etwas im weitesten Sinn nicht vertragen usw. Werden die Warnhinweise der Seele aber langfristig ignoriert, führt dies unweigerlich dazu, dass der „Wink mit dem Zaunpfahl" auf körperlicher Ebene zunehmend heftiger ausfällt.

Kann bei einer schweren Erkrankung mit Todesfolge vom Betroffenen kein Zusammenhang zwischen der eigenen Lebensführung und der Symbolik der Krankheit erkannt werden, werden alle negativen Informationen, die zum Ausbruch der Krankheit geführt haben, im kausalen Aurafeld abgespeichert und als Disposition wieder mit in den nächsten physischen Körper genommen. Vollzieht sich der körperliche Verfall schneller als das Bewusstsein sich entwickelt, zum Beispiel bei einer aggressiven Krebserkrankung, werden aber Ursache und Wirkung grundsätzlich vom Patienten erkannt, gibt es möglicherweise einen „Karmajoker", das heißt, die Informationen aus dem Zellgedächtnis werden nicht im kausalen Aurafeld abgespeichert, sodass der Erkrankte frei von Belastungen seine neue Inkarnation beginnen kann.

Haben wir unsere Lebensthemen schon intensiv bearbeitet, kann es auch zu einer „Dekodierung" kommen. Wenn ein entscheidendes Thema von uns erst einmal mental geklärt werden konnte und sich dann durch die Aufarbeitung der Blockaden auch im emotionalen Aurafeld gelöst hat, dekodiert der grobstoffliche Körper als letzter, das heißt, er gibt die im Zellgedächtnis gespeicherten Informationen frei. Durch diese Dekodierung kann es noch einmal zu massiven Beschwerden in dem Chakra kommen, in dem das nun bearbeitete Thema bislang eine Blockade erzeugt hat. Nach dieser Dekodierung treten die Beschwerden allerdings nie mehr in dieser Intensität auf, da ja die Ursache behoben wurde.

Mangel und Fülle

„Reich ist, wer weiß, dass er genug hat."

(Laotse)

Auch die Fülle ist dem Wurzelchakra zugeordnet und hat letztlich mit dem Urvertrauen zu tun. Lebe ich in der Gewissheit, dass ich jederzeit so viel besitze, wie ich benötige, um entsprechende Erfahrungen zu machen, kann ich mit sehr wenig oder auch mit sehr viel Geld und Besitz zurechtkommen. Beide Zustände bedingen ein hohes Maß an Erfahrungen, die daran gebunden sind. Bin ich aber zu stark in meinem Eigenwillen gefangen, wird ein zu geringes Einkommen meinen Selbstwert beschädigen und mich als Opfer der Umstände dastehen lassen. Ein Übermaß an Geld wird dazu führen, dass meine Verlustangst wächst, ich vielleicht trotz meines Reichtums von permanentem Mangelgefühl geplagt werde oder beginne, meinen Wert über meinen Besitz zu definieren.

Neid, Missgunst und Gier finden in beiden Fällen einen optimalen Nährboden und führen letztlich immer weiter vom eigentlichen seelischen Entwicklungsplan weg.

Menschen mit einem gut entwickelten Urvertrauen haben in aller Regel keine größeren materiellen oder finanziellen Probleme.

Pessimismus und Stagnation

„Nichts ist schwerer, als gar nichts zu tun."

(Walter Matthau)

Auch Pessimismus und Stagnation zeigen sich deutlich im Wurzelchakra. Die Verbindung aus Pessimismus, Stagnation und mangelnder Eigenliebe bietet die Grundlage für alle Formen der autoaggressiven (gegen sich selbst gerichteten) Erkrankungen. Hierzu zählen zum Beispiel Allergien, Multiple Sklerose, Krebs usw. (siehe Thorwald Detlefsen / Rüdiger Dahlke *„Krankheit als Weg"* und *„Krankheit als Symbol"*).

Das Leben lebt von seiner Polarität. Wir bewegen uns ständig zwischen dem positiven Pol – der Gesamtheit aller positiven persönlichen Eigenschaften und Erfahrungen – und dem negativen Pol – der Summe aller negativen persönlichen Eigenschaften und Erfahrungen. Ähnlich wie bei einer Batterie ist der Pluspol nicht als gut und der Minuspol nicht als schlecht zu bezeichnen. Vielmehr geht es darum, durch diese Polarität die Spannung im Leben zu erzeugen. Die Bewegung zwischen den beiden Polen dient dazu, alle nur möglichen Erfahrungen zu machen. Freudvolle, angenehme Erlebnisse lassen zum Beispiel unsere Genussfähigkeit, unsere Eigenliebe und Lebensfreude wachsen. Unerfreuliche, schmerzliche Erfahrungen und Situationen geben uns die Gelegenheit zur Selbsterkenntnis und sorgen so für persönliches Wachstum.

Stagnation und auch Depression entstehen erst, wenn ich aufhöre, mich zwischen den Polen des Lebens zu bewegen und dabei Erfahrungen zu sammeln.

Leugne ich meinen negativen Pol, indem ich immer versuche, alles gut und richtig zu machen und mir jeden Tag zu beweisen, dass ich besser bin als andere, bin ich auf dem Weg in die Stagnation.

Befürchte ich Veränderungen in meinem Leben, die ich nicht kontrollieren kann, und entwickle dadurch ein erhöhtes Bedürfnis nach Stabilität und Sicherheit, kann dies in totaler Passivität oder gar Handlungsunfähigkeit enden.

Habe ich Angst, Fehler zu machen, versuche ich Entscheidungen, wo es geht, zu vermeiden. Ich glaube, wenn ich nichts tue, kann ich auch nichts falsch machen. Etwaige unerwünschte Veränderungen können mir so keinesfalls zur Last gelegt werden. Also verfolge ich nicht mehr aktiv meine Ziele, sondern versuche möglichst, den Erwartungen meiner Mitmenschen zu entsprechen. So ist der Schuldige im Zweifelsfall garantiert ein anderer, und ich muss mich meiner Angst nicht stellen. Aber auch dieses Vermeidungsverhalten führt ganz klar in die Stagnation.

Ein zweckgerichteter Pessimismus wird hier gerne als Ausrede benutzt, um von der eigenen Handlungs- und Entscheidungsunfähigkeit abzulenken. Wenn sowieso von vorneherein schon feststeht, dass sich ein Einsatz nicht lohnt, kann ich mir die Mühe ja auch sparen. Da das jeder Mensch verstehen kann, erhalte ich auf diese Weise sogar noch eine Bestätigung für mein angstgesteuertes Verhalten.

Befinde ich mich ausschließlich im negativen Pol, bin ich der Meinung, alles im Leben sei sinnlos und hoffnungslos und der positive Pol sei in meinem Leben nicht mehr erreichbar, dann geht auch hier die Spannung verloren. Es fließt kein „Strom" mehr.

Pessimismus führt aufgrund seiner negativen energetischen Ladung immer wieder zu „sich selbst erfüllenden Prophezeiungen". Auslöser sind hier oft Kindheitsprägungen. Wenn das Kind von seinen Eltern ständig demotiviert wurde mit Aussagen wie: „Das schaffst du sowieso nicht, lass es sein, das hat keinen Sinn, das lohnt sich nicht, du kannst das nicht", wird dieses Prägungsmuster oft unbedacht mit ins Erwachsenenalter genommen, wo es Wirklichkeit schafft, denn die Energie folgt der Aufmerksamkeit.

Bin ich also gut verwurzelt und habe ein tragfähiges Urvertrauen, gebe ich Pessimismus und Stagnation keinen Raum in meinem Leben. Handlungsbereitschaft und Optimismus sind allzeit begründet, denn selbst wenn ich Fehler oder schmerzliche Erfahrungen mache, weiß ich, dass ich damit das tue, wozu ich durch meine selbst gewählte Inkarnation bestimmt bin, nämlich mich zu erleben und zu erfahren.

Prägungen des Wurzelchakras

Die häufigste Prägung im Wurzelchakra ist die Identifikation durch Einsatz und Leistung. Diese Prägung bestimmt meistens unser ganzes Leben. Wer traut sich schon, in unserer von Effizienz geprägten Gesellschaft unproduktiv zu sein? Viele Menschen legen sich jeden Tag Rechenschaft darüber ab, was sie heute geleistet haben. Als Leistung wird in der Regel nur das angesehen, was von anderen wahrgenommen werden kann oder bezahlt wird.

Es würde durchaus eine echte Leistung darstellen, mich zur Ruhe zu begeben, um herauszufinden, was mir wichtig ist, was ich mir wünsche, was ich denke und fühle und wo ich gegen meine Bedürfnisse agiere.

Stattdessen nutzen die meisten Menschen ihre Freizeit lieber, um den Rasen zu mähen, das Haus zu putzen, einzukaufen oder das Auto zu waschen. Dieser Einsatz wird von allen Außenstehenden anerkannt und als positiv beurteilt. Diese positive Bewertung unserer Leistung durch die Umwelt ist uns äußerst wichtig, denn wir definieren unseren Selbstwert darüber, was andere über uns denken oder von uns halten. Die Ursachen dafür liegen häufig in unserer mangelnden Eigenliebe (siehe: Herzchakra / Eigenliebe).

Entscheidend ist, meiner äußeren und inneren Arbeit den gleichen Wert beizumessen und für beide die rechte Zeit aufzuwenden. Für mich herauszufinden, welche Werte ich habe, was mir wichtig ist, wo meine Prioritäten liegen und diese entsprechend im Außen zu verwirklichen. Dafür muss ich aufhören, vor mir selbst zu fliehen, mich beschäftigt zu halten, nur um vor mir behaupten zu können, ich hätte ja keine Zeit. Ich muss mich fragen, welchen Einsatz ich für welche Arbeit, Situation oder Person zu leisten bereit bin und wo ich mich klar abgrenzen muss, um einen Freiraum für meine innere Arbeit zu schaffen.

Bin ich in der Lage, im Außen Zeit, Raum und Ruhe für mich zu schaffen, wächst auch unweigerlich die innere Ruhe in mir, denn: Wie außen, so innen. Diese innere Ruhe hilft mir, mein Leben spielerischer und leichter anzugehen, verringert Stress und Schuldgefühle und führt zu größtmöglicher emotionaler Ausgeglichenheit.

Organzuordnung / Krankheiten

Dem Wurzelchakra werden Nebennieren, Dickdarm, Genitalien, zentrales Nervensystem, Zellaufbau sowie alles Feste (also Wirbelsäule, Knochen, Gelenke, Zähne, Nägel und Beine) zugeordnet.

Das Sakralchakra

Das Sakralchakra liegt zirka 3 cm unterhalb des Bauchnabels. Seine Öffnung zeigt nach vorne, und bei sehr spirituellen Menschen auch nach hinten. Seine Farbe ist Orange.

Das Sakralchakra repräsentiert als feinstoffliches Organ das emotionale Aurafeld und somit alle gefühlsmäßigen, emotionalen Aspekte unserer Existenz. Hier geht es um die Themen Lebensfreude, Genuss- und Konfliktfähigkeit, Kreativität, Sexualität, Hingabe und Vertrauen in Menschen.

Bei guter Öffnung dieses Chakras erleben wir unser Dasein voller Freude, Staunen und Begeisterung. Wir haben einen guten Zugang zu unserer Intuition und unseren Gefühlen, verfügen über innere Klarheit und gute Abgrenzungsfähigkeit. Wir haben Vertrauen in Menschen und sind in der Lage, hingebungsvolle Sexualität zu erleben. Wir sind zentriert, selbstsicher und tolerant und fühlen uns als Teil der Gesellschaft. In Verbindung mit einem gut geöffneten Kehl- und Stirnchakra sind auch Hellwahrnehmungen möglich. Erfahren wir in unserer Kindheit, dass wir um unserer selbst willen geliebt werden und keinerlei Erwartungen entsprechen müssen, kann sich unser Sakralchakra optimal entwickeln.

Bei Störungen des Sakralchakras mangelt es uns an Vertrauen und Hingabe. Wir haben Angst vor Menschen, vor emotionalen Verletzungen und auch vor unseren eigenen Gefühlen. Wir sind selten im Hier und Jetzt, und es mangelt uns an Genussfähigkeit. Starke Stimmungsschwankungen und innere Unklarheit bestimmen unser Leben.

Ist das Chakra zu klein, führen wir ein stark gesellschaftsorientiertes Leben. Ist es übermäßig groß, neigen wir zu Triebhaftigkeit und haben ein erhöhtes Suchtpotenzial.

Nachfolgend möchte ich näher auf einige Themen eingehen, die ganz klar dem Sakralchakra zugeordnet werden können.

Lebensfreude und Zufriedenheit

„Das Leben besitzt so viel Positives, dass Pessimisten ganz
mutlos werden könnten."

(Laurence Sterne)

Lebensfreude ist von größter Wichtigkeit, wollen wir nicht
an Depressionen erkranken und den Sinn unseres Daseins ständig infrage stellen. In den Industrieländern, in denen die meisten Menschen keine existenziellen Probleme haben, ist allerdings die „Lebensmüdigkeit" sehr verbreitet.

Die Kirchen, die in vergangenen Zeiten noch glaubhaft den
Sinn unseres Daseins vermitteln konnten, haben immer weniger
Bedeutung in unserem Leben. Wenden wir uns von der Kirche
mit ihren Dogmen ab, da uns ihre Lehren nicht mehr zeitgemäß
erscheinen, entsteht häufig eine Lücke, die nur schwer zu füllen
ist. Die Religionen betonten nicht unbedingt die Lebensfreude,
aber sie gaben dem Menschen Konzepte, mit deren Hilfe auch
ein freudloses Leben mit Blick auf den Himmel oder das Nirwa-
na ertragen werden konnte. Heute werden Religionen durch die
Medien ersetzt. Dort sieht man immer glückliche, erfolgreiche,
junge und gutaussehende Menschen, deren Leben ein einziger
Sonntagsspaziergang zu sein scheint. Stellt man nun Vergleiche
mit dem eigenen Leben an, fühlt man sich schnell unglücklich
und unzufrieden. Wie aber können wir tatsächlich Lebensfreude entwickeln?

Nur durch Präsenz im Jetzt und Hier ist es uns möglich, Freude und Zufriedenheit in unserem Leben zu erfahren. Durch das Erkennen und Genießen der kleinen und großen Freuden im Alltag, durch die Wertschätzung und die Liebe der Menschen, die in unserem Leben eine Rolle spielen, bereichern wir unser Dasein, geben ihm Sinn und Erfüllung. Selbstausdruck in Form von Kreativität, hingebungsvolle Sexualität, Eigenliebe und Selbstwertschätzung geben dem Leben die ersehnte Tiefe.

Wenn wir ganz klar „Ja" zum Leben sagen, weil wir es lebenswert und freudvoll empfinden, sind wir auf dem richtigen Weg.

Echte Zufriedenheit entsteht durch Einverständnis und Widerstandslosigkeit. Kann ich die Situation nicht so annehmen, wie sie gerade ist, geht die Achtsamkeit verloren. In Gedanken bin ich ständig mit der Lösung von Problemen beschäftigt. Ich überlege, was oder wer sich ändern muss, versuche meinen Einfluss auf die Situation abzuschätzen oder begebe mich in die Opferrolle, in der ich mich als machtlos empfinde. Dabei übersehe ich leicht, was der Augenblick an Freude zu bieten hätte. Ich kann noch nicht einmal erkennen, ob genau dieser Moment die Möglichkeit bietet, etwas Entscheidendes in meinem Leben zu verändern, so beschäftigt bin ich. Ich verliere die Hingabe an das „Jetzt". Dabei vergesse ich, dass sich mein Leben doch immer nur „jetzt", also gerade in diesem Moment, abspielt.

Häufig erklären wir uns unsere Zufriedenheit über den Verstand, nach dem Motto: Ich muss ja glücklich und zufrieden sein, denn ich habe weder Hunger noch Durst, habe ein Haus, ein Auto, einen Partner, eine Familie, einen Job... Um uns selbst unsere – im tiefsten Inneren nicht spürbare – Lebensfreude zu beweisen, tragen wir diese plakativ im Außen zur Schau. Wir erzählen ungefragt jedem, wo wir im letzten Urlaub waren, wie gut unsere Karriere läuft, was wir uns Neues gekauft haben oder präsentieren demonstrativ unseren gestählten, gebräunten, modisch gestylten Körper.

Hierbei handelt es sich eindeutig um Selbstbetrug. Dieser fällt uns nur auf, wenn wir uns die Zeit und die Ruhe nehmen, zu hinterfragen, unsere Gefühle zu erforschen und unserer inneren Stimme zu lauschen. Dann hören wir das schlechte Gewissen; es nagt an uns und flüstert uns ins Ohr: „Jetzt geht es dir so gut, und du kannst dich trotzdem nicht daran erfreuen." Um nicht weiter darüber nachdenken und den Schmerz spüren zu müssen, lenken wir uns in jeder nur erdenklichen Form ab.

Auch Selbstsabotage, die Angst vor überschäumender Lebensfreude, verstellt uns den Weg zur Freude am Sein (siehe: Selbstzerstörung – Die Angst vor überschäumender Lebensfreude). Grundsätzlich bedarf es bezüglich unserer Lebensfreude einer gewissen Klarheit, die sich durch die Beschäftigung mit folgenden Fragen einstellen kann:

- *Wie müsste mein Leben sein, damit ich mich daran erfreuen könnte?*
- *Worauf könnte ich verzichten?*
- *Was schenkt mir Zufriedenheit?*
- *Wer oder was hindert mich daran, meine Träume zu realisieren?*
- *Bin ich präsent im Hier und Jetzt?*
- *Womit bin ich nicht einverstanden, wo sind meine Widerstände?*
- *Womit boykottiere ich meine eigene Lebensfreude?*

Erst wenn ich ganz klar „Ja" zu meiner irdischen Existenz sagen kann, wenn ich bereit bin, mich im Guten wie im Schlechten zu erfahren, wenn ich im Hier und Jetzt präsent bin, stellen sich echte Lebensfreude und Zufriedenheit ein, die gänzlich unabhängig von äußeren Bedingungen und religiösen Glaubenssätzen sind. Eine Lebensfreude, die nur auf der reinen Freude am Sein und am Erfahren basiert und somit größtmögliche Stabilität und Zufriedenheit in meinem Leben garantiert.

Kritikfähigkeit

„Die meistensen Menschen wollen lieber durch Lob ruiniert, als durch Kritik gerettet werden."
(Amerikanische Redensart)

Die Fähigkeit, mit Kritik umzugehen, hängt im Wesentlichen davon ab, wie gut meine Eigenliebe, meine Selbstachtung und meine Selbstwertschätzung entwickelt sind. Ich möchte dies mit einem Bild veranschaulichen:

Stellen Sie sich vor, Ihr Körper wäre von einer dicken Schicht Eigenliebe umgeben. Wird nun von außen, in Form eines Pfeils, eine Kritik an Sie abgefeuert, bleibt dieser Pfeil quasi in der Schicht Ihrer Eigenliebe stecken, trifft Sie also nicht direkt im Körper. Aus der Distanz heraus haben Sie nun die Möglichkeit zu untersuchen, ob es sich bei dem „Pfeil" um konstruktive oder destruktive Kritik handelt.

Im Fall konstruktiver Kritik haben Sie nun die Möglichkeit, den „Pfeil" in aller Ruhe herauszuziehen, sich bei Ihrem Angreifer zu bedanken und sich zu sagen: Schön, immer wenn ich diesen Pfeil sehe, werde ich daran denken, dass ich mein Verhalten in einer bestimmten Situation ändern will.

Empfinde ich die Kritik eher als destruktiv, ziehe ich den „Pfeil" heraus und gebe ihn in aller Seelenruhe dem zurück, der ihn abgeschossen hat.

Nun stellen Sie sich vor, Sie wären nicht durch diese Schicht Eigenliebe geschützt. Der Pfeil der Kritik trifft Sie sofort im Leib. Sie verspüren einen stechenden Schmerz und reißen augenblicklich den Pfeil aus Ihrem Körper. Wutentbrannt werfen Sie den Pfeil Ihrem Angreifer vor die Füße, beschimpfen ihn, dass er sie verletzt hat, und bedauern sich selbst, Opfer einer Attacke geworden zu sein. In diesem Fall ist es Ihnen nicht mehr möglich, die Kritik auf ihren konstruktiven Kern hin zu untersuchen. Jede Kritik wird abgeschmettert.

Hier liegt das Problem: Wenn ich mich selbst schon nicht mag, mich vielleicht ständig mit beißender Selbstkritik bestrafe, ist es mir unerträglich, wenn mich jemand kritisiert, mein mühsam errichtetes Selbstbild infrage stellt und damit noch mein letztes bisschen Selbstwert zunichtemacht. Es ist eine Art Überlebensstrategie, jede Kritik als ungerechtfertigt abzuweisen, um die Wunde der mangelnden Eigenliebe nicht noch weiter aufzureißen.

Grundsätzlich sind unsere Kritiker Erfüllungsgehilfen, und dafür sollten wir ihnen dankbar sein. Immerhin nehmen sie die Gefahr auf sich, durch ihre Kritik von uns abgelehnt oder zurückgewiesen zu werden. Sie stellen sich zur Verfügung, uns „auf den Zahn zu fühlen", denn sie nötigen uns, über uns und unser Verhalten nachzudenken. Wenn wir Kritik annehmen können und sie dabei nicht autoaggressiv gegen uns selbst richten, sondern produktiv umsetzen, kann sie für unseren persönlichen Wachstums- und Reifeprozess eine echte Chance darstellen. Auch Ihr Kritiker hat die Möglichkeit, durch seine Kritik und die Auseinandersetzung mit Ihrer Person zu wachsen und zu erkennen.

Sind wir in der Lage, die Kritik, die uns trifft, von unserem Ego und unserer Bewertung zu befreien und sachlich mit ihr umzugehen, stellt sie für alle Beteiligten einen echten Gewinn dar.

Und falls Sie doch einmal das Bedürfnis haben, Ihre „Wunden zu lecken", wenn Sie zu hart von einer Kritik getroffen wurden, können Sie sich mit dem folgenden Zitat von Bruce Lee trösten:

„Wenn du kritisiert wirst, dann musst du irgendetwas richtig machen. Denn man greift nur denjenigen an, der den Ball hat."

Konfliktfähigkeit

„Nicht dem Leben aus dem Weg gehen!
Keinen Tag! Keiner Frage! Es ist verkehrt.
Das Leben kommt dir nach und packt dich wieder;
dieses zweite Mal aber hinterrücks."

(Gorch Fock)

Sprache stellt immer nur ein Abbild von Gedanken und Gefühlen dar. Wenn ich versuche, einem Menschen zu beschreiben, wie eine Bratwurst schmeckt, wird er es, wenn er noch keine gegessen hat, auch dann nicht wissen können, wenn ich es ihm mit den brillantesten Worten beschrieben habe.

„Kommunikation ist das, was ankommt!", heißt es. Und nicht immer kommt das, was wir versuchen, über Sprache zu transportieren, auch so beim Empfänger an, wie wir es beabsichtigt haben. Dann kommt es womöglich zu einem Konflikt.

Ein Konflikt ist im besten Fall eine sachliche Auseinandersetzung, bei der sich zwei Menschen mit ihren unterschiedlichen Meinungen oder Ansichten gegenüberstehen. Eine konstruktive, zielorientierte Lösung dieser Situation ist möglich, wenn beide Parteien den Sachverhalt klar und ohne Zugabe persönlicher Betroffenheit aus ihrer Sicht darstellen und versuchen, einen Kompromiss zu finden.

Schwierig wird es, wenn der Sachverhalt mit persönlichen Emotionen vermischt wird, sodass das Ursächliche, um das es ursprünglich ging, bis zur Unkenntlichkeit verzerrt wird. Je nach Mentalität reagieren dann die Parteien mit Wut, Angst, Vorwürfen, Beleidigungen oder Beleidigtsein und Aggression. Aber wie kommt es dazu, dass eine Auseinandersetzung derartige Reaktionen in uns erzeugen kann?

Recht zu haben oder zu behalten ist nur dann wichtig, wenn ich meinen Selbstwert daran festmache, mich also darüber definiere. Dann fühle ich mich überlegen, wenn ich Recht habe, und unterlegen, wenn ich im Unrecht bin. Dahinter steht die Angst, eine Niederlage zu erleiden, die meinen geringen Selbstwert noch mehr beschädigen könnte. So muss ich alles daran setzen, Recht zu behalten, und sei es durch lautstarke Vorwürfe, Beleidigungen oder gar Gewalt. Besitze ich ein ausreichendes Maß an Eigenliebe und Selbstwertschätzung, bin ich fähig, mich Konflikten sachlich zu stellen.

Fehlt es mir an Eigenliebe, neige ich dazu, mich in der Opferrolle einzurichten. Mit meinem Beleidigtsein versuche ich, meinem Gegenüber ein schlechtes Gewissen zu machen. Nach dem Motto: „Du hast mich ins Unrecht gesetzt. Jetzt geht es mir schlecht, und du bist schuld daran." Das nennt man „emotionale Erpressung". Vielleicht geht meine Rechnung sogar auf, sofern mein Kontrahent nicht die Fähigkeit hat, sich gegen mich abzugrenzen. Er wird sich entschuldigen, nicht weiter auf seinem

Standpunkt beharren und mir das Gefühl vermitteln, gesiegt zu haben. Ein Gegenüber mit eher aufbrausendem Temperament wird vielleicht laut werden, wodurch sich meine Opferhaltung verstärkt.

Eine weitere Ursache mangelnder Konfliktfähigkeit liegt in der Unfähigkeit begründet, sich klar auszudrücken. Möglicherweise ist das Kehlkopfchakra durch entsprechende Kindheitsprägungen oder Traumen verengt, sodass grundsätzlich kaum eine befriedigende Kommunikation möglich ist.

Konflikte stellen, sofern sie sachlich geführt werden, eine echte Wachstumschance dar. Beziehe ich eine eindeutige Position zu einer Sache, ist das eine Form von Selbstausdruck und stärkt somit den Solarplexus. Es mir selbst wert zu sein, auf meiner Position zu bestehen und dabei gleichzeitig Toleranz und Empathie für meinen Kontrahenten aufzubringen, nährt das Herzchakra. Klare Kommunikation stärkt zudem das Kehlkopfchakra.

Zugang zu den eigenen Gefühlen

„Kein Wind ist demjenigen günstig, der nicht weiß, wohin er segeln will."

(Michel de Montaigne)

Um zu wissen, was wir uns wünschen oder wollen, vor allem aber, um entscheidungs- und handlungsfähig zu sein, brauchen wir einen klaren Zugang zu unseren Gefühlen. Es ist wissenschaftlich bewiesen, dass Emotionen mächtiger sind als unser Verstand und somit letztlich über unser rationales Denken und Handeln bestimmen.

„Der amerikanische Neurobiologe Prof. Dr. Antonio Dama-sio gilt als Pionier auf dem Gebiet der Emotionsforschung. Er konnte anhand von Pathologien und deren Auswirkungen auf das Verhalten der Patienten beweisen, dass es keine Gedanken ohne Gefühl gibt, und als Erster belegen, dass Gefühle jede Entscheidung beeinflussen. Patienten, die aus pathologischen Gründen keinen Zugriff auf ihre Emotionen hatten, konnten keine sinnvollen Entscheidungen mehr treffen" (Gabriele Schendl-Gallhofer: *„Du kannst auch anders")*.

Deshalb ist es sehr wichtig, dass wir uns unserer Gefühle bewusst sind, damit diese nicht aus dem Unterbewusstsein heraus unser Denken und Tun manipulieren. Tatsächlich aber gibt es verschiedene Gründe, warum der Zugang zu unseren Gefühlen blockiert sein kann.

In unserer eher rational orientierten Leistungsgesellschaft ist für Gefühle nur noch wenig Platz. Sportereignisse, Klatschblätter, Romane oder Liebesfilme dienen als Ventil, um unseren Emotionen freien Lauf lassen zu können. Hier dürfen – mit gesellschaftlicher Akzeptanz – durchaus auch Männer einmal weinen, wenn der Fußballclub verloren hat.

Sinnliche Gefühle, wie sie uns durch den Kontakt mit der Natur geschenkt werden, empfinden wir kaum noch, da wir weitestgehend den Bezug zu den Elementen verloren haben. Unser Verhalten wird so im Laufe unseres Lebens immer stärker von unsere Prägungen und persönlichen Erfahrungen bestimmt. Nachfolgend habe ich einige der am häufigsten vorkommenden Verhaltensmuster skizziert. Erkennen Sie sich wieder?

- *Sie haben – vielleicht schon seit der Kindheit – die Erfahrung gemacht, mit Ihrer gefühlsbetonten Sicht auf die Dinge bei Ihrer Umwelt auf Unverständnis zu stoßen. Daraus hat sich bei Ihnen Angst vor Ablehnung entwickelt. Sie haben gelernt, das, was Sie fühlen, nicht laut zu äußern.*

- *Wiederholt haben Sie erleiden müssen, dass Ihre Gefühle zurückgewiesen wurden und befürchten nun weitere emotionale Verletzungen. Sie verstecken Ihre verletzliche und gefühlvolle Seite vor Ihrer Umwelt und geben sich allzeit stark und unverletzbar.*
- *Getrieben von Ihren aufwallenden Gefühlen haben Sie in bestimmten Situationen die Kontrolle verloren und sich zu folgenschweren Überreaktionen hinreißen lassen. Nun sind Sie bemüht, Ihre Gefühle allzeit unter Kontrolle zu halten.*
- *Bestimmt ist niemand daran interessiert, was Sie fühlen, davon gehen Sie aus. Ihre Angst vor Minderwertigkeit bestimmt Ihr Verhalten. So nehmen Sie sich gerne bescheiden zurück und ignorieren Ihr eigenes Bedürfnis nach emotionaler Kommunikation.*
- *Sie sind unsicher, ob Sie eine Situation gefühlsmäßig richtig erfassen können. Sie befürchten, Ihre Reaktionen könnten unangemessen sein. Um keinen Fehler zu machen, schweigen Sie.*
- *Vielleicht halten Sie, sofern Sie eher rational veranlagt sind, Gefühle für rührselig oder kitschig und letztlich überflüssig. Eine distanzierte Haltung zu Ihren Gefühlen erscheint Ihnen als Stärke; logische Erklärungen geben Ihnen die gewünschte Sicherheit. Gefühlsbetonte Menschen verunsichern Sie.*

Um sich nicht ständig in ähnlich unerfreulichen oder unkalkulierbaren Situationen wiederfinden zu müssen, entwickelt jeder Mensch seine eigene Strategie, mit seinen Gefühlen umzugehen oder sie sogar ganz aus seinem Bewusstsein zu verdrängen. Nach und nach übernimmt dann der Verstand die

Kontrolle, manipuliert von unseren unbewussten Emotionen. Die Gefühle werden zwar unterdrückt, damit sie nicht mehr an die Oberfläche steigen und dort Wirkung zeigen können, wirken aber in der Tiefe.

„[...] tatsächlich sind Emotionen dem Verstand vorgelagert – sie haben ihren Sitz in der tieferen Gehirnstruktur und sind daher früher informiert. Der Verstand ist nicht nur ein Tick langsamer, er könnte ohne Emotionen überhaupt nicht arbeiten. Patienten, deren Hirn in emotionsorientierten Arealen Schädigungen erlitten hat, sind des klaren Denkens und Handelns nicht mehr fähig." (Arvid Leyhh: *„Wenn die Liebe Kopf steht".*)

Mit dieser Vermeidungs- und Verdrängungsstrategie spalten wir einen Teil von uns ab, der entscheidend zu unserem Sein gehört. Dieser Schutzmechanismus wird von uns häufig gar nicht als solcher erkannt, da uns ja das Mentale mit all seinen logisch rationalen Erklärungsmöglichkeiten vermittelt, wir hätten alle Aspekte einer Situation ausreichend erfasst. Alle unsere Entscheidungen werden so nur noch über den gefühlsmäßig manipulierten Intellekt getroffen und bewirken entsprechende Handlungen.

Wenn wir keinen bewussten Zugang zu unseren Gefühlen haben, eine Sache also nur mit dem Verstand erfassen, bedeutet dies, dass wir unwissentlich die Hälfte der Wahrheit ausblenden. Tatsächlich benutzen wir für diesen Prozess auch im Wesentlichen nur die eine – nämlich die linke, analytische, rationale, zeitorientierte – Hälfte des Gehirns. Da Männer aufgrund des Aufbaus des männlichen Gehirns eher dazu geeignet sind, mehr auf einer Gehirnhälfte und weniger in Verbindung beider Hälften zu denken, tun sich viele Männer mit dem Zugang zu ihren Gefühlen noch schwerer als die meisten Frauen. Denn entweder denken sie absolut rational mit der linken, oder ganz emotional mit der rechten Hälfte des Gehirns. Da die Kommunikation zwischen den Hälften aufgrund des schmaler ausgebildeten Corpus Callosum (einem Nervenstrang, der aus zirka 200 bis 300 Mio. Nervenfasern besteht und beide Hirnhälften miteinander verbindet) bei Männern erschwert ist, gelingt es ihnen nicht so leicht, ihre Gefühle rational zu überprüfen. Dadurch erscheinen ihnen ihre eigenen Emotionen so übermächtig und unkontrollierbar, dass sie sich aus reiner Furcht lieber ganz auf die – Sicherheit durch Kontrolle verheißende – Seite ihrer rationalen, analytischen Hirnhälfte zurückziehen.

Aber selbst wenn wir es in Beziehung zu ähnlich rational denkenden Menschen schaffen, vordergründig erfolgreich zu sein, erzeugen die verdrängten Gefühle im emotionalen Aurafeld Blockaden, die sich auf unsere Kreativität, Sexualität, Genussfähigkeit, unsere Hingabe und somit letztlich auf unsere Lebensfreude negativ auswirken. In Phasen, in denen unser Immunsystem aufgrund äußerer Umstände geschwächt ist, zum Beispiel bei dauerhaftem Stress, drängen die Gefühle nun umso massiver an die Oberfläche und machen sich dort in Form psychischer oder physischer Beschwerden bemerkbar.

Wie also sollten wir mit unseren Gefühlen umgehen?

- *Nehmen Sie sich immer wieder Zeit und die Ruhe, Ihrer inneren Stimme und Ihren Gefühlen zuzuhören.*
- *Relativieren Sie Ihre Gefühle mit Ihrem Verstand, indem Sie sich fragen:*
  Fühle ich so, weil ich aus der Prägung heraus in gleichartigen Situationen immer so gefühlt habe?
  Gibt es Ängste in mir, die meine Gefühle wesentlich beeinflussen?

Instrumentalisiere ich meine Gefühle, indem ich sie bewusst autoaggressiv gegen mich oder aggressiv gegen andere einsetze?

- *Beleuchten Sie nun Ihren Verstand mit Ihrem Gefühl und fragen Sie sich:*
Verdränge ich meine Gefühle aus Angst vor Verletzung, Zurückweisung oder Schwäche?
Wie ändert sich mein mentales Denken, wenn ich meine Gefühle bewusst meinen Gedanken zuordne?

Gelingt es uns, durch die Beantwortung der vorgenannten Fragen eine Verbindung zwischen dem mentalen und dem emotionalen Aurafeld zu schaffen, haben wir die beste Grundlage für erfolgreiches Handeln. Denn nur dann ist gewährleistet, dass wir alle Aspekte einer Sache oder Situation erfasst haben. Nur so kann die sich aus unseren Überlegungen heraus ergebende Handlung von Erfolg gekrönt sein, da sie auf Bewusstheit basiert, und nicht auf Manipulation.

Gelingt uns diese Verbindung nicht, sind wir entweder im emotionalen Aurafeld und halten unsere Gefühle für absolut, also für wahr und berechtigt, oder wir sind ausschließlich im rationalen Aurafeld, wo wir für alles, was in unserem Leben geschieht, eine logische Begründung finden. Wenn wir nun aus dem einen oder anderen Extrem heraus Entscheidungen treffen, fehlt uns die Kontrolle durch den Gegenpol. Die Wahrscheinlichkeit, eine tragfähige, langfristig befriedigende Entscheidung zu treffen, ist auf dieser Grundlage eher gering.

Aus Sicht der Hirnforscher muss für diese Verbindung die linke Gehirnhälfte (die für Sprache, Rechnen, Lesen, Logik, Gesetze, Detail, Ordnung, Reihenfolge, Einzelheiten, Zeitempfinden, Regeln, Lesen, Hören und Schreiben zuständig ist) über den Corpus Callosum mit der rechten Gehirnhälfte (die für Körpersprache, Bildsprache, Gefühl, Kreativität, Spiel, Überblick, Kunst, Tanz, Musik, Rhythmus, Zusammenhänge, Raumempfinden, Fühlen Schmecken und Riechen steht) im Austausch stehen.

Grundsätzlich hilft uns die mentale Verarbeitung der auf uns einströmenden Eindrücke zunächst, diese zu unterscheiden, zu sortieren, zu katalogisieren, sie zu bewerten, zu beurteilen und zu vergleichen, um Struktur und Ordnung in die Flut von Informationen zu schaffen, damit diese letztlich für uns kontrollierbar und somit nutzbar werden. Das bedeutet aber auch, dass wir die Informationen trennen, sie in kleine Teile zerstückeln, sie „formatieren", damit sie in unser Wahrnehmungs- und Beurteilungsraster passen. Das Ganze ist aber bekanntlich mehr als die Summe seiner Einzelteile, sodass bei der rein kognitiven Wahrnehmung Entscheidendes auf der Strecke bleibt.

Rein emotionale Wahrnehmung hingegen wird durch unsere eigenen Muster und Prägungen so stark verzerrt, dass auch in diesem Fall kein objektives Erfassen des Tatsächlichen möglich ist. Deswegen ist eine Verbindung beider Elemente von größter Wichtigkeit.

Aus der Hirnforschung ist bekannt, dass weiche, stark emotionale, übermäßig behütende Mütter ihre Kinder in eine eher emotionale Ausrichtung ihrer Wahrnehmung prägen, sofern nicht der rationale, gefühlskältere Vater den größeren Einfluss auf das Kind nimmt und er dieses in einer eher mentalen Ausrichtung prägt. Wessen Einfluss das Kind stärker aufnimmt, hat sowohl mit der Präsenz der jeweiligen Elternteile in der Kindheit zu tun (von jemandem, der nicht da ist, kann man auch nicht geprägt werden), als auch mit eventuell bestehenden karmischen Verabredungen. Haben wir zum Beispiel eine karmische Verabredung aus einer kriegerischen Auseinandersetzung mit dem Vater, werden wir uns entweder zur selben Strategie der mentalen Argumentation hingezogen fühlen, um dem Vater in einer Auseinandersetzung auf Augenhöhe begegnen zu können, oder wir werden gerade das gefühlsarme Verhalten unseres Vaters ablehnen und versuchen, alles über unser Gefühl zu regeln.

Zudem ist das Reflexionsmuster, also die Art und Weise, wie wir Informationen verarbeiten, Teil unseres Seelenplans. Das Reflexionsmuster besteht aus einem Hauptmerkmal, (zirka 70 Prozent) und einem Nebenmerkmal (zirka 30 Prozent). Das Hauptmerkmal springt als Erstes an, wenn eine Information auf uns einwirkt, und wird dann durch das Nebenmerkmal noch einmal verändert. Ist das Hauptmerkmal zum Beispiel „verstandesbetont" und das Nebenmerkmal „beweglich", wird dieser Mensch zuerst rational über einen Eindruck nachdenken und dann eine Handlung daraus ableiten. Um ein Gefühl für die Sache zu bekommen, braucht er Zeit und Ruhe zur Verarbeitung.

Ein Mensch mit dem Hauptmerkmal „gefühlsbetont" und dem Nebenmerkmal „verstandesbetont" wird erst ein Gefühl verspüren, über das er im nächsten Schritt rationale Klarheit gewinnen kann. Auch er braucht Zeit und Ruhe, um auf dieser Grundlage sinnvoll zu handeln.

Wählen wir im Hauptmerkmal also ein gefühlsbetontes Reflexionsmuster, wird jegliche Information, und sei es eine rote Ampel, zuerst ein Gefühl in uns erzeugen, bevor Denken oder Handeln möglich sind. Haben wir ein verstandesbetontes Hauptmerkmal als Erfahrungsgrundlage unserer Inkarnation gewählt, wird jede Information, und sei es die Aussage unseres Partners, uns verlassen zu wollen, zuerst einmal rein intellektuell verarbeitet, bevor wir fühlen oder handeln können. Menschen mit beweglicher Ausrichtung fangen an, den Rasen zu mähen oder die Staubfäden von der Decke zu fegen, bevor sie die auf sie einwirkenden Informationen emotional oder mental verarbeiten können.

Jedes Reflexionsmuster bewirkt eine völlig unterschiedliche Wahrnehmung und Beurteilung all dessen, was auf uns einwirkt, sodass zwei Menschen, die gerade dieselbe Situation erleben, völlig unterschiedlich auf diese reagieren und somit gänzlich verschiedene Erfahrungen machen können.

Intuition

Wir alle haben eine innere Stimme. Je nachdem, wie gut unser Zugang zu unserer Intuition ist, ist diese Stimme für uns deutlich oder weniger deutlich wahrnehmbar. Viele Menschen vernehmen diese Stimme zwar, aber sie trauen ihr nicht. Sie sind sich nicht sicher, ob es nicht einfach nur ein bedeutungsloser Gedanke war, den sie soeben gedacht haben, oder ob sich tatsächlich ihre Intuition Gehör verschaffen wollte. Dabei wird unser Leben sehr viel einfacher, wenn wir lernen, auf unsere Intuition zu hören.

Intuition ist altes Wissen. In diversen Inkarnationen haben wir bereits in den verschiedensten Lebensbereichen Erfahrungen gesammelt. Wir haben uns vielleicht intensiv mit der Wissenschaft auseinandergesetzt, mit Heilpflanzen gearbeitet, Erfindungen gemacht oder perfekt ein Instrument gespielt. Wir haben in verschiedenen Kulturen deren Sitten und Gebräuche kennengelernt und in unterschiedlichen gesellschaftlichen, religiösen und familiären Strukturen gelebt.

Wesentliche Erkenntnisse und Erfahrungen aus jedem Leben werden im kausalen Aurafeld abgespeichert, welches sich

– im Gegensatz zum vitalen, emotionalen und rationalen Aurafeld – mit unserem Tod nicht auflöst. Es geht mit hinüber in die Astralwelt und gelangt bei der nächsten Inkarnation mit der Seele wieder in den Körper des Neugeborenen.

Besitzen wir einen guten Zugang zu unserer Intuition, profitieren wir jederzeit von dem Wissen, das wir bereits in vorangegangenen Leben angesammelt haben. Möglicherweise lernen wir eine Sprache besonders leicht, weil wir schon viele Leben in diesem Sprachraum gelebt haben. Oder wir haben schon als Kind Talente und Fähigkeiten auf künstlerischem Gebiet, die sich anders nicht erklären lassen.

Unsere Intuition hilft uns auch, im passenden Augenblick das Richtige zu tun und erspart uns so manche leid- oder schmerzvolle Erfahrung. In unserem kausalen Aurafeld ist unter Umständen bereits eine ähnliche Erfahrung abgespeichert, sodass wir die Lösung für ein Problem bereits kennen, auch wenn wir uns dessen mental nicht bewusst sind.

Der Zugang zur Intuition ist erlernbar. Aber wie?

Um Vertrauen in Ihre Intuition zu gewinnen, gehen Sie am besten schrittweise vor.

Beobachten Sie Ihr Denken.

- *Was war in einer bestimmten Situation Ihr erster, intuitiver Gedanke?*
- *Sind Sie diesem intuitiven Gedanken gefolgt?*
- *Oder haben Sie Ihre Entscheidung über den Verstand getroffen?*
- *Analysieren Sie den Ausgang der Situation.*

- *Haben Sie mit Ihrer Intuition recht gehabt?*

Wenn Sie feststellen, Sie hätten intuitiv recht gehabt, ärgern Sie sich nicht, dass sie ihr nicht gefolgt sind, sondern erkennen Sie, wie gut Ihre Intuition bereits entwickelt ist. Bleiben Sie achtsam. Geben Sie nach und nach der Intuition in Entscheidungssituationen den Vorrang und erleben Sie, wie sich die Angelegenheiten nun entwickeln. Lernen Sie aus Ihren eigenen Erfahrungen, Ihrer Intuition zu vertrauen.

Gerade in schwierigen Situationen sollten Sie sich von Ihrer Intuition leiten lassen. So hat die geistige Führung die Möglichkeit, Ihnen die Erfahrungen zu verschaffen, die Sie für Ihr Wachstum benötigen.

Wenn Sie sehr stark in der persönlichen Betroffenheit sind, verzichten Sie bitte auf die Zuhilfenahme von Tarot, Pendel oder ähnlichen Entscheidungshilfen. Sonst werden die Ergebnisse zu stark von Ihren Emotionen beeinflusst, sodass Sie, gerade was Ihre Fragen für die Zukunft betrifft, keinesfalls mit einem verlässlichen Ergebnis rechnen können.

Sind Sie persönlich nicht involviert, stellen Pendel, Karten usw. durchaus brauchbare Hilfsmittel zur Entscheidungsfindung dar. Letztendlich zeigen Sie uns aber nur, was wir intuitiv bereits wissen.

Sexualität

Sexualität ist, energetisch gesehen, sehr wichtig. Es gibt nichts Vergleichbares; nur sie versorgt alle Chakren gleichermaßen mit Energie.

Urvertrauen und Fülle nähren das Wurzelchakra, Hingabe, Genussfähigkeit und Vertrauen in Menschen stärken das Sakralchakra, Selbstausdruck weitet den Solarplexus, Liebe und Eigenliebe beleben das Herzchakra, emotionale Kommunikation öffnet das Kehlkopfchakra, die Intuition aktiviert das Dritte Auge. Die Energie steigt in Form der Kundalini (Kundalini bezeichnet eine in tantrischen Schriften beschriebene ätherische Kraft im Menschen (Wikipedia)) vom Wurzelchakra bis zum Kronenchakra auf und energetisiert dieses.

Oft hindern uns unsere Prägungen daran, Sexualität als freudvoll und nährend zu empfinden. In vielen Religionen dient die Sexualität nur der Arterhaltung – Freude und Befriedigung sind nur von sekundärer Bedeutung. Lust wird in diesem Zusammenhang häufig als Sünde dargestellt. Wird uns als Kind durch die Kirche und das Elternhaus vermittelt, dass Sexualität etwas Schlechtes ist, tun wir uns als Erwachsene schwer, einen genussvollen Zugang zur Sexualität zu finden. Unterdrücken wir unsere ureigene Sexualität, kann dies zu einem schwerwiegenden Problem ausarten.

Auch mangelnder Selbstwert und mangelnde Eigenliebe lassen das Thema Sexualität zum Problem werden. Wir lehnen unseren Körper ab, weil wir keine Modelmaße haben, oder wir fühlen uns nicht weiblich/männlich genug. Wir sind verunsichert, ob wir genügen, und das behindert uns in unserem sexuellen Selbstausdruck. Als Folge davon spielen wir uns und anderen etwas vor, trauen uns nicht, zu unseren eigenen sexuellen

Wünschen und Bedürfnissen zu stehen und stellen somit keine Anforderungen. Wir sind bescheiden und zurückhaltend, weil wir der Meinung sind, es nicht wert zu sein, freudvollen Sex zu erleben.

Bitte beantworten Sie sich in diesem Zusammenhang folgende Fragen:

- *Habe ich Freude an Sexualität?*
- *Wird meine Sexualität von meiner religiösen Erziehung bestimmt?*
- *Mag ich meinen eigenen Körper, finde ich mich ausreichend schön?*
- *Habe ich Angst vor Kontrollverlust und Hingabe?*
- *Finde ich meinen Partner noch attraktiv?*

Bitte stellen Sie sich eine Hochzeit vor. Alle Gäste sind hübsch angezogen, es gibt leckeres Essen, der Tisch ist feierlich gedeckt, die Räumlichkeiten sind mit Bedacht gewählt.

Kämen alle Gäste im Jogginganzug, es gäbe trockenes Brot und man säße bei Nieselregen in einem unwirtlichen Raum, wäre von Hochzeitsstimmung sicher nicht viel zu spüren.

Ähnlich ist es mit der Sexualität: Es ist hilfreich, diese ebenfalls zu ritualisieren.

Schaffen Sie dazu einige Grundvoraussetzungen:

Ihr Schlafzimmer sollte ein Ort sein, an dem Sie sich sicher und geborgen fühlen und gerne aufhalten. Befreien Sie deshalb Ihr Schlafzimmer von allem Alltäglichen, so gut es geht. Sortieren Sie nicht mehr benötigte Kleidungsstücke und Wäsche aus, sodass der raumfüllende Schlafzimmerschrank einem kleineren weichen kann. Deponieren Sie auf diesem dann keinesfalls Ihren Bügelkorb oder Ihre Umzugskartons. Streichen Sie die Wände farbig, arbeiten Sie mit Stoffen. Hängen Sie schöne Bilder auf, die Ihnen persönlich gefallen.

Genießen Sie es bewusst, Ihren Körper zu reinigen, und stellen Sie sich vor, dass das Wasser alle Ihre alltäglichen Gedanken einfach abwäscht. Vielleicht möchten Sie Ihre Haut mit einem wohlriechenden Öl oder einem Sie stimulierenden Duft verwöhnen. Kaufen Sie sich Wäsche, in der Sie sich wohlfühlen und attraktiv finden. Auch das Räuchern mit Harzen oder Kräutern Ihrer Wahl erleichtert es Ihnen, sich freudvoll auf das Kommende einzustimmen. Schaffen Sie sich einen CD-Player/MP3-Player für die entspannende musikalische Untermalung an, und wählen Sie nach Stimmung die für Sie passende Musik aus. Sorgen Sie für dezente Beleuchtung oder zünden Sie Kerzen an.

Während dieses gesamten Rituals haben Sie die Möglichkeit, Ihre Alltagsrolle als Mutter/Vater, Angestellte/r, Sohn/Tochter usw. hinter sich zu lassen und sich ganz auf den Moment einzustimmen. Das schafft Distanz zum Alltag und lenkt die Konzentration nach innen.

Formulieren Sie Ihrem Partner/Ihrer Partnerin gegenüber klar Ihre Wünsche und Bedürfnisse und gehen Sie auch auf seine beziehungsweise ihre Wünsche ein, soweit es Ihnen möglich ist. Hören Sie hier klar auf Ihre innere Stimme, aber seien Sie auch immer mal wieder mutig, etwas Neues zu probieren. Geben Sie langjährigen, eingefahrenen Beziehungen eine Chance, indem Sie sie neu beleben.

Sollten Sie aufgrund Ihrer Lebenssituation keine Möglichkeit haben, Ihre Sexualität zu leben, ist es wichtig, Ihrem Körper trotzdem ausreichend Zeit zu widmen. Gönnen Sie sich hin und wieder eine Massage oder etwas Ähnliches, das Ihnen ein direktes, freudvolles Wahrnehmen Ihres Körpers ermöglicht. Vielleicht möchten Sie sich auch mit einem Sonnen- oder Vollbad verwöhnen oder Ihren Körper mit hochwertigen Ölen pflegen.

Körperwahrnehmung

„Glück entsteht oft durch die Aufmerksamkeit in kleinen Dingen, Unglück oft durch die Vernachlässigung kleiner Dinge.“

(Wilhelm Busch)

Häufig bemerken wir erst, wie gut unser Körper uns dient, wenn es zu Schmerzen oder Bewegungseinschränkungen kommt. Der Körper ist das Gefäß, das unsere Seele beheimatet und sollte deshalb von uns mit entsprechender Wertschätzung behandelt werden.

Gönnen Sie sich also zwischendurch immer mal wieder einen Moment der Stille, in dem Sie sich bei Ihrem Körper bedanken. Vielleicht ist es für Sie hilfreich, nach folgendem Schema vorzugehen:

Setzen oder legen Sie sich bequem hin und schließen Sie die Augen. Nehmen Sie einige tiefe Atemzüge und lassen Sie die Luft beim Ausatmen langsam ausströmen. Konzentrieren Sie sich nun auf Ihre Füße. Nehmen Sie Kontakt zu Ihren Zehen auf, spüren Sie in jede einzelne Zehe hinein, und bedanken Sie sich bei ihr. Fühlen Sie Ihre Füße, Ihre Fußsohlen, die Fersen und die Knöchel. Bedanken Sie sich, dass Ihre Füße es Ihnen ermöglichen, zu gehen. Gehen Sie konzentriert von unten nach oben in Gedanken jedes Körperteil und Organ durch und bedanken Sie sich.

Haben Sie in einem Bereich Schmerzen, kommunizieren Sie mit dem betroffenen Organ oder Körperteil. Fragen Sie, worauf der Schmerz Sie hinweisen soll. Lauschen Sie dabei Ihrer inneren Stimme, ob Sie eine Antwort erhalten. Vielleicht steigt auch ein Bild oder ein bestimmtes Gefühl in Ihnen auf. Am Anfang ist diese Übung nicht ganz einfach, weil unser Verstand uns dazwischenredet: „So ein Quatsch, was soll das schon bringen…". Schenken Sie Ihrem Verstand keine Aufmerksamkeit. Kehren Sie mit Ihrer Konzentration zurück zu der schmerzenden Stelle und setzen Sie die Kommunikation fort. Sie werden feststellen, dass Ihnen nach einiger Übung klare Ansagen, Bilder oder Gefühle zuteilwerden.

Kreativität

„Fantasie ist etwas, was sich manche gar nicht vorstellen können."

(Gabriel Laub)

Kreativität ist Selbstausdruck. Jede Form von Selbstausdruck ist Kreativität. Ob ich den Tisch schön decke, mein Auto tune, eine Blumenrabatte pflanze, ein Geschenk hübsch verpacke, ein Fotoalbum gestalte, mein Essen liebevoll dekoriere: All das ist Kreativität. Ich muss nicht töpfern, malen oder ein Instrument spielen, um kreativ zu sein. Natürlich können gerade diese Tätigkeiten kreativ sein. Oder zu Pflicht oder Routine verkommen, nämlich dann, wenn ich zu einem nicht frei gewählten Zeitpunkt ein Instrument nach Noten spiele, ohne dabei innere Freude zu verspüren.

Kreativität heißt, etwas, das in mir ist, im Außen zu manifestieren. Eine Idee realisieren, ein inneres Bild aufs Papier bringen, meine Vorstellungen umsetzen; mir die Zeit nehmen, meinen Selbstausdruck zu leben. Ziel ist es, mich diesen kreativen Momenten oder Stunden ganz hinzugeben und dabei ein hohes Maß an Freude und Befriedigung zu empfinden.

Auch hat die Kreativität erheblichen Einfluss auf den Zustand unserer Chakren. Die Hingabe beim Tun, die dabei empfundene Lebensfreude und der Genuss an der Sache weiten das Sakralchakra. Der Solarplexus wird durch meinen Selbstausdruck und die Freisetzung meiner Potenziale gestärkt. Meine Selbstachtung wächst, wenn ich das tatsächlich greifbare Resultat meiner kreativen Arbeit betrachten oder sogar benutzen kann. Mir Zeit für mein kreatives Schaffen einzuräumen und vielleicht Geld für entsprechendes Material aufzuwenden, stärkt meinen Selbstwert. All das nährt wiederum das Herzchakra.

Zudem fließen das mentale und emotionale Aurafeld während des kreativen Aktes ineinander. Das ermöglicht uns, mentale Gedankenkonstrukte emotional zu durchleuchten und emotionale Gebilde mittels unseres Verstandes auf ihren Wahrheitsgehalt hin zu überprüfen.

Unsere Kreativität ist häufig Opfer unseres selbstgeschaffenen Zeitmangels. Wir verwenden zu viel Zeit für Dinge in unserem Leben, die nur den Ansprüchen anderer genügen, aber nicht unseren eigenen. Dabei ist es aus den vorgenannten Gründen von größter Wichtigkeit, Kreativität zu einem festen Bestandteil unseres Lebens zu machen.

☆☆☆

Genussfähigkeit

„Ich bin der Ansicht, dass wirkliches Glück ohne Müßiggang nicht möglich ist.

(Anton Tschechow)

Das Wort „Genussfähigkeit" vermittelt uns den Eindruck, als wenn „genießen" ganz einfach wäre. Grundsätzlich ist natürlich die Fähigkeit zu genießen in jedem von uns angelegt. Tatsächlich ist das mit dem Genuss aber gar nicht so einfach. Kaffeewerbung in Funk und Fernsehen zielt darauf ab, uns das Gefühl zu vermitteln, wenn wir nur genau diese Sorte Kaffee trinken würden, täten wir das nicht nebenbei oder morgens früh in aller Hektik, sondern lächelnd zurückgelehnt und genüsslich jeden Schluck auskostend.

Leider ist es allerdings meistens so, dass es uns an Achtsamkeit mangelt und wir, um bei dem Beispiel zu bleiben, im morgendlichen Stress kaum bemerken, wie der Kaffee schmeckt, weil wir mit unseren Gedanken weit entfernt sind von dem, was wir gerade tun.

Auch sind uns viele Dinge so selbstverständlich geworden, dass wir sie kaum noch mit dem Wort Genuss in Verbindung bringen. Um wirklich genießen zu können, brauche ich Zeit, Achtsamkeit und Eigenliebe.

Zeit brauche ich, um meine Aufmerksamkeit genau auf das Objekt des Genusses zu richten, es mit allen Sinnen wahrzunehmen, es in seiner Fülle zu erfassen. Diese Zeit muss ich mir nehmen und dafür andere Gedanken zurückstellen. Achtsamkeit brauche ich, um nicht an den kleinen Genüssen des Alltags achtlos vorüberzugehen. Ich kann es zum Beispiel genießen, morgens unter der Dusche zu stehen. Oder auf dem Weg zur Arbeit ein schönes Lied im Radio zu hören. Ich kann es genießen, an der Bushaltestelle einen Vogel singen zu hören oder einem spielenden Kind zuzusehen. Was ich als Genuss wahrnehme, hängt von meiner Präsenz ab und von meiner Haltung zu dem, was um mich herum ist und geschieht.

Eigenliebe ist nötig, denn ich bin eigenverantwortlich dafür, dass ich mich gut nähre. Denn alles, was ich genießen kann, nährt mich, schafft Freude in meinem Alltag, schenkt mir Befriedigung.

Genussfähigkeit und Lebensfreude stehen in direktem Zusammenhang. Kann ich nicht von Herzen genießen, tue ich mich schwer, die schönen Seiten des Lebens zu erkennen und sie auch zu leben. Genuss verleiht allem Licht, Glanz und Farbe. Essen mit Genuss ist mehr als nur Nahrungsaufnahme. Sex mit Genuss ist mehr als nur ein sportlicher Fortpflanzungsakt. Gehen mit Genuss ist mehr als nur Fortbewegung. Geben mit Genuss ist mehr als nur Pflichterfüllung. Bitte bedenken Sie, dass die Entwicklung der Genussfähigkeit unerlässlich ist, wollen wir den Sinn unserer Inkarnation, nämlich Lebensfreude zu entwickeln und Erfahrungen zu machen, nicht infrage stellen.

Wut

Kein Mensch fasst willentlich den Entschluss, sich zu ärgern; niemand denkt: „Jetzt will ich wütend werden." Ebenso wenig plant die Wut ihr Entstehen.

(Dalai-Lama)

Glauben Sie, dass es Menschen gibt, die keine Wut haben? Vielleicht sind einige wenige erleuchtete Meister frei davon.

Aber die meisten Menschen haben ein Thema mit der Wut, ob sie sich diese nun eingestehen oder nicht.

Wut entsteht in mir, wenn...

* *ich im Widerstand bin, wenn ich nicht einverstanden bin mit dem, was ist.*
* *sich die Dinge nicht so entwickeln, wie ich es mir wünsche.*
* *sich Menschen nicht so verhalten, wie ich es erwarte.*
* *ich das Gefühl habe, dass mir Unrecht getan wird.*
* *ich mich hilflos oder ausgeliefert fühle.*
* *ich mich provozieren lasse.*

Auf energetischer Ebene stellt sich Wut wie folgt dar:

Sind wir gerade wütend, zum Beispiel weil uns jemand einen Parkplatz vor der Nase weggeschnappt hat, ist dies für Hellsichtige deutlich als rote Färbung im emotionalen Aurafeld wahrnehmbar.

Wut, die schon sehr lange in uns schlummert, zum Beispiel Wut auf unsere Eltern, wird im Emotionalkörper abgespeichert. Versuchen wir, diese Wut mittels einer Psychotherapie zu behandeln, indem wir die Wut auslösenden Szenen noch einmal im Geist durchleben, nähren wir die Wut mit der Energie der Aufmerksamkeit. Sie vergrößert sich, dehnt sich bis in das emotionale Aurafeld aus. Dort magnetisiert sie sich, zieht also gemäß dem Resonanzgesetz gleichartige Erlebnisse an wie die, die zur Entstehung der Wut geführt haben. Diese versetzen uns dann wieder in Wut, sie wird also noch stärker, anstatt dass wir frei vor ihr werden.

Wut kann in bestimmten Situationen auch hilfreich sein, denn durch die Ausschüttung von körpereigenen chemischen

Stoffen hilft uns die Wut, unsere Angst zu überwinden. Wut kann, wenn sie den Charakter eines reinigenden Gewitters hat, auch manchmal heilsam sein, wenn sie uns eine klare Form der kommunikativen Abgrenzung ermöglicht.

Sehr wichtig ist es, dass sich keine angestaute Wut in unserem System aufbaut, die sich in bestimmten Situationen explosionsartig und somit unkontrollierbar entlädt. Denn diese Form der Wut ist niemals produktiv, sondern immer destruktiv, sowohl für uns, als auch für unser Umfeld. In einer menschlichen Gesellschaft ist es verständlicherweise auch nicht sinnvoll, seiner Wut allzeit freien Lauf zu lassen. Das würde ein Zusammenleben unmöglich machen.

Genauso schädlich ist es allerdings, seine Wut zu leugnen oder sie zu unterdrücken. Denn dann richtet sich die Wut gegen uns selbst, frisst sich tief in unser Energiefeld und richtet dort langfristig auf physischer und psychischer Ebene erheblichen Schaden an.

Was also tun mit der Wut?

Mental können wir der Wut kaum Herr werden. Wenn wir versuchen, uns sachlich zu erklären, warum wir gerade jetzt nicht wütend sein sollten, werden wir entweder trotzdem noch Wut verspüren, oder die Wut nur verdrängen. Durch die Verdrängung entgehen wir unserer Wut nicht, sondern nähren sie, machen sie also noch stärker, denn Verdrängungsenergie ist auch eine Form von Energie. Und jede Form der Energiezufuhr nährt ein Elemental (siehe: Elementale), in dem Fall das Elemental unserer Wut, das danach trachtet, sich selbst zu erfüllen.

Aufgrund dessen ist es sehr wichtig, einen „Aggressions- und Spannungskanal" zu schaffen, damit unsere Wut nach außen dringen kann, ohne dass wir uns oder anderen Schaden zufügen. Geeignet sind hier alle Arten körperlicher Betätigung, die man nicht zählen, messen oder wiegen kann. Freies Tanzen, zügiges Laufen, Joggen, Trampolin springen oder Ähnliches sind ideal. Auch bewusstes, heftiges Atmen, wie es zum Beispiel bei den aktiven Meditationen von OSHO gelehrt wird, ist sehr geeignet. Mittlerweile gibt es auch Atemtherapeuten, bei denen man die entsprechende Technik lernen kann (siehe Verzeichnis im Anhang).

Bei anstrengender, körperlicher Aktivität, die ich ausübe, während ich mir meine ungeklärten Gedanken genau anschaue beziehungsweise in meine Gefühle hineinspüre, wird das emotionale Aurafeld in heftige Schwingung versetzt. Das wiederum bewirkt, dass die durch die Wut entstandenen Blockaden, die ja niederfrequenter sind als das restliche Feld, in dem höher schwingenden emotionalen Aurafeld nach außen befördert werden wie in einer Zentrifuge. Je weiter sich die Blockaden im emotionalen Aurafeld nach außen bewegen, umso weniger magnetische Anziehung haben sie. Wenn ich regelmäßig in dieser Art meine Wut bearbeite, verlieren die Blockaden immer mehr Energie und verschwinden nach und nach ganz aus meinem Aurafeld, sodass sie keine Resonanzen mehr erzeugen können.

Prägungen des Sakralchakras

Lehren uns Eltern und Erzieher während unserer Kindheit, dass Sexualität etwas Schlechtes ist, tun wir uns als Erwachsene schwer, zu einer freudvollen Sexualität zu finden. Diese negative Prägung wirkt sich auch auf den Zustand des Sakralchakras aus, denn Sexualität hat einen wesentlichen Einfluss auf unsere Lebensfreude, unsere Genussfähigkeit und unsere Fähigkeit zur Hingabe. Wer mit Schuldgefühlen und schlechtem Gewissen belastet ist, wird sich wohl kaum fallenlassen und seine Sexualität genießen können. Wie Sie sich diese Prägung bewusst machen und Sie auflösen können, finden Sie im Kapitel Sakralchakra / Sexualität.

Auch Minderwertigkeitsprägungen (siehe: Minderwertigkeit – Angst, nicht zu genügen) schaffen Blockaden, die das Chakra verengen. Sie nehmen sowohl Einfluss auf unsere Konflikt- und Kritikfähigkeit, als auch auf unser Lebensfreude und unsere Zufriedenheit, was sich wiederum im Zustand des Chakras spiegelt.

Organzuordnung / Krankheiten

Milz, Blase, Nieren, Haut und Bauchspeicheldrüse; Fortpflanzungsorgane, alles Flüssige: Blut/Blutdruck, Lymphe, Sperma, Verdauungssäfte.

Der Solarplexus

Der Solarplexus liegt zweifingerbreit oberhalb des Bauchnabels. Seine Öffnung zeigt nach vorne (und hinten). Seine Farbe ist sonnengelb.

Über den Solarplexus treten wir mit der Welt in Verbindung. Zum einen ist es unsere „Antenne" für die Impulse und die Energien von außen, zum anderen geben wir Informationen in Form von Gedanken und Gefühlen über dieses Chakra an unsere Umwelt.

Der Zustand des Solarplexus gibt Auskunft darüber, wie gut unsere Fähigkeiten und Potenziale entwickelt sind.

Bei guter Entwicklung sind wir authentisch, können unsere Persönlichkeit entfalten und sind Herr über unsere Energien. Wir sind ausgeglichen, diszipliniert und mutig, haben eine hohe Selbstachtung und sorgen dafür, dass es uns gut geht. Wir besitzen die Fähigkeit, unsere Gefühle und Wünsche anzunehmen, akzeptieren uns so, wie wir sind, und können auch das Sosein anderer Menschen akzeptieren.

Bei Störungen der Energien des Solarplexus leiden wir unter ausgeprägten Autoaggressionen und Ängsten jeder Form. Traurigkeit und unangenehme Gefühle werden abgelehnt und dadurch aufgestaut.

Ist das Chakra zu groß, haben wir ein ungesundes Verhältnis zu Macht und Materie. Wir wollen alles nach unseren Vorstellungen beeinflussen, neigen zu Herrschsucht, Machtgehabe, Konkurrenzdenken, Arroganz und Ignoranz. Daraus resultieren Opfer- beziehungsweise Tätermechanismen.

Ist das Chakra zu klein, zeigt sich dies durch mangelnde Umsetzungsbereitschaft, Stagnation und Unentschlossenheit, die wir mittels übermäßiger Aktivität zu verdrängen versuchen.

Häufig ist der Solarplexus verengt, was dazu führt, dass wir das uns innewohnende Potenzial nicht frei entwickeln und leben können. Das hat meistens folgende Ursache:

Die Energie steigt vom Wurzelchakra über das Sakralchakra in den Solarplexus auf, und vom Kronenchakra, dem Dritten Auge, dem Kehlkopfchakra und dem Herzchakra herab bis in den Solarplexus. Mangelt es mir an Urvertrauen im Wurzelchakra, an Lebensfreude, Genussfähigkeit und Kreativität im Sakralchakra, sind diese Chakren so verengt, dass wenig Energie in den Solarplexus aufsteigen kann. Ist meine emotionale Kommunikation im Kehlkopfchakra behindert und mein Herzchakra angstvoll verengt, steigt auch nur wenig Energie von oben herab in den Solarplexus, was zu seiner Verengung führt.

Um also zur vollen Blüte unserer Persönlichkeit zu gelangen, müssen die Themen aller Chakren bearbeitet und eventuelle Blockaden aufgelöst werden.

Nachfolgend werde ich die Themen, die Einfluss auf das Solarplexus nehmen, im Einzelnen näher erläutern.

Selbstwert

„Um fremden Wert willig und frei anzuerkennen, muss man eigenen haben. "

(Arthur Schopenhauer)

Zum einen leiten wir unseren Selbstwert davon ab, ob wir glauben, dass wir den an uns gerichteten Anforderungen aufgrund unserer Fähigkeiten gerecht werden können, zum anderen vergleichen wir uns mit den Menschen in unserem Umfeld und schätzen ab, wem wir überlegen und wem unterlegen sind.

Wie wir uns selbst einschätzen und beurteilen, wird von unseren Ängsten und Prägungen bestimmt.

Sind wir der mentalen Überzeugung, wir könnten alles besonders gut und grundsätzlich besser als alle anderen, bläht sich unser Selbstwert bis hin zur Überheblichkeit auf. Genau durch dieses selbstherrliche Verhalten versuchen wir, unsere Angst vor Minderwertigkeit zu kompensieren. Wir prahlen mit unseren Potenzialen und Fähigkeiten, demonstrieren unsere Macht und Stärke, bevor unsere Umwelt die Gelegenheit hat, uns das Gegenteil zu beweisen. Dieses Verhalten bewirkt eine Aufblähung des Solarplexus, sodass das darüber liegende Herzchakra und das darunter liegende Sakralchakra zusammengepresst werden, also weniger Energie in diese Chakren fließt. Das Ausleben unserer Herzensqualitäten, aber auch die Lebensfreude und die Genussfähigkeit werden so deutlich behindert.

Bewerten wir unsere Fähigkeiten und Potenziale negativ, weil wir uns für unwissend und unfähig halten, begegnen wir jeder Herausforderung in unserem Leben mit der Annahme, ihr sicherlich nicht gewachsen zu sein. Minderwertigkeitsgefühle stellen sich ein, die uns nach dem Gesetz der „sich selbst erfüllenden Prophezeiung" im Alltag bestätigt werden und so unser Selbstwertgefühl noch weiter untergraben. Mit jeder negativen Erfahrung, die wir machen, wächst unser Glaube an unsere Unzulänglichkeit.

Fast jeder von uns hat in seinem Leben eine Phase, in der er seinen Selbstwert ins Verhältnis setzt zu der Menge der Menschen, die er seine Freunde oder gute Bekannte nennt.

Je mehr Leute bei Facebook unter „Freunde" rangieren oder auf unsere Einladung hin zu unserer Party kommen, und je höher der gesellschaftliche Status der Personen ist, umso besser fühlen wir uns. Denn wir bilden uns ein, dass wir wichtig sind, wenn prominente Personen des öffentlichen Lebens zu uns zu Besuch kommen, und wir glauben, dass wir gut sind, wenn wir mit vielen Menschen Kontakt haben. Die Menge der Bekanntschaften führt allerdings meistens dazu, dass es sehr viel Oberflächlichkeit in diesen Beziehungen gibt. Denn fast jeder möchte seine gesellschaftliche Position durch die Bewunderung der anderen bestätigt sehen, präsentiert sich betont auffällig, um gezielt Aufmerksamkeit zu erzeugen, oder ist nur daran interessiert, seine geschäftlichen Kontakte zu pflegen und auszubauen. Wir investieren viel Zeit in Feierlichkeiten, Empfänge, Meetings, Ausstellungseröffnungen usw. von Menschen, die uns nicht wirklich nähren, sondern uns nur das Selbstbild, das wir von uns entworfen haben, bereitwillig spiegeln.

Oder wir spielen „Mutter Theresa", indem wir unser Helfersyndrom ausleben und allem und jedem versuchen zu helfen und die Welt zu verbessern. Wir weiten unser soziales Engagement weit über unsere eigenen Kräfte hinaus aus, verzichten auf jegliche Abgrenzung mit dem Ziel, gesehen und bewundert zu werden. Diese Zeit, die wir mit Menschen verbringen, nur in der Absicht, dass sie uns bitte den Selbstwert spiegeln, den wir in uns selbst nicht erzeugen können, fehlt uns dann für Introspektion, Analyse, Meditation, oder einfach nur für die Freude an unserem Sein.

Fast alle Menschen streben danach, berühmt zu sein oder im Fernsehen aufzutreten, denn die Aufmerksamkeit anderer Menschen nährt unser Ego, was wiederum unseren Selbstwert erhöht. Erfahren wir Beachtung oder gar Bewunderung von Menschen, geben sie uns damit von ihrer Energie etwas ab. Diese Energiezufuhr führt meistens dazu, dass sich unser Ego um ein Vielfaches vergrößert.

Sicher haben Sie schon einmal einen Star gesehen, dessen erfolgreichste Zeit bereits hinter ihm liegt. Kaum ist er auf der Bühne, fordert er die Menschenmenge auf, ihm wie in alten Zeiten zuzujubeln, die Arme hochzureißen, zu klatschen. Sein ausgehungertes Ego giert nach der Energie des Publikums, damit es wieder geladen wird. Bleibt langfristig die Beachtung durch die Menge aus, weil der Star nicht mehr „in" oder „zu alt" ist, bereitet das übergroße Ego Probleme in Form von Depressionen, Sinnkrisen und extremen Selbstzweifeln. Alkohol und Drogen werden häufig benutzt, um die energetische Leere wieder auszufüllen; logischerweise oft mit fatalen Folgen.

Haben wir bereits einen tragfähigen Selbstwert entwickelt, sind wir auf diese Art von Äußerlichkeiten in Form von Ruhm und Beachtung nicht mehr angewiesen. Wir haben erkannt, dass es sinnvoll ist, unseren Wert allein davon abzuleiten, dass wir sind, was und wie wir sind; im Wissen darum, dass sowohl wir als auch alle anderen Menschen manches sehr gut und anderes weniger gut können, wir uns aber jederzeit entsprechend unseren Möglichkeiten und unserem Bewusstsein darum bemühen, es so gut wie möglich zu machen; mit der Klarheit darüber, dass alle Menschen unterschiedlich sind, verschiedene Anlagen, Fähigkeiten, Potenziale und Talente haben. Mit der Erkenntnis, ein Teil eines größeren Ganzen zu sein, der beabsichtigt, ganz individuelle Erfahrungen zu machen, die der Gesamterfahrung der Seele dienen, der er angehört. Auf dieser Grundlage kann sich ein liebevoller, aber ausreichend selbstkritischer Selbstwert bei uns einstellen.

Selbstsicherheit

„Selbstvertrauen gewinnt man dadurch, dass man genau das tut, wovor man Angst hat und auf diese Weise eine Reihe von erfolgreichen Erfahrungen sammelt."

(Unbekannt)

Bin ich tatsächlich meiner selbst sicher? Kann ich mich auf mich verlassen? Um diese Fragen bejahen zu können, bedarf es eines gut entwickelten Selbstwertes und ausreichender Eigenliebe. Nur dann kann ich darauf vertrauen, in jeder Situation das bestmögliche Resultat zu erzielen, da ich auf meine Fähigkeiten, Talente und Potenziale vertraue. Diese positive Grundannahme beeinflusst den Ausgang der Situation gemäß dem geistigen Gesetz „Die Energie folgt der Aufmerksamkeit". Selbstsicheres Auftreten bewirkt, dass ich mich klar abzugrenzen vermag. Menschen in meinem Umfeld tun sich dann schwer, mich zu manipulieren oder über mich zu bestimmen. Echte Selbstsicherheit beinhaltet das Einverständnis, auch Fehler machen zu dürfen und diese zu verantworten.

Haben Sie ein Problem mit Ihrer Selbstsicherheit, machen Sie sich bitte klar, dass es keinen Menschen gibt, der wichtiger oder wertvoller ist als Sie. Jeder einzelne Mensch als verkörperter Seelenteil hat die gleiche Aufgabe, nämlich sein Leben freudvoll zu erleben und sich für Erfahrungen zur Verfügung zu stellen. Ihr Leben ist zu keiner Zeit mit dem eines anderen Menschen vergleichbar, jeder Mensch hat seine eigenen Bedingungen, Potenziale, Lernaufgaben und Herausforderungen. Es gibt somit keinen Grund, unsicher zu sein und sich somit von anderen bevormunden oder gar unterdrücken zu lassen. Stehen Sie klar zu dem, was Sie sind, haben, können und denken.

Sie sind so, wie sie sind, gut und richtig und leisten jederzeit einen wichtigen Beitrag für die Gesamterfahrung Ihrer Seele. So, wie jeder andere auch.

Mangelnde Selbstsicherheit wird von unserer Umwelt sofort registriert und bietet jedem die Möglichkeit, sich über uns zu erheben. Mangelnde Selbstsicherheit geht Hand in Hand mit der Unfähigkeit, sich klar abzugrenzen, sodass wir dem Gebaren unseres Gegenübers kaum etwas entgegenzusetzen haben und ihm so hilflos ausgeliefert sind. Diese Demütigung führt dazu, dass unsere Selbstsicherheit noch weiter untergraben wird.

Ein hohes Maß an Selbstsicherheit in Verbindung mit einem geringen Selbstwert führt dazu, dass wir nicht authentisch sind, also vorgeben, jemand zu sein, der wir nicht sind (siehe: Authentizität). So scheinen wir nach außen hin vielleicht offen, aufgeschlossen und zugänglich, kommen mit jedem gleich ins Gespräch und wirken sehr selbstsicher. Schaut man aber hinter die Fassade der Selbstsicherheit, findet man statt eines tragenden Selbstwerts nur ein Selbstbild, dem sein Erzeuger zu entsprechen versucht, indem er sein Verhalten möglichst seinem selbst geschaffenen Idealbild anpasst. Tatsächlich ist diese Fassade aber nicht tragfähig und wird durch Kritik, Auseinandersetzungen oder Menschen, die nicht bereit sind, das Selbstbild zu spiegeln, sehr leicht zum Wanken gebracht.

Authentizität

„Zu sein, was wir sind, und zu werden, wozu wir fähig sind, ist das einzige Ziel des Lebens."

(Robert Louis Stevenson)

Authentisch zu sein ist eines der höchsten Ziele, das wir anstreben sollten und auch erreichen können. Wenn ich in jeder Situation der bin, der ich wirklich bin, ohne mich zu verstellen und den Erwartungen anderer entsprechen zu müssen, bin ich authentisch.

Habe ich einen gut entwickelten Selbstwert, bin ich es mir wert, dass es mir gut geht. Ich kann mit der Negativität anderer umgehen, ohne diese autoaggressiv auf mich zu übertragen. Ich habe eine hohe Selbstachtung, weil ich mich traue, ein irdisches Leben mit all seinen Schwierigkeiten und Herausforderungen zu meistern. Selbstachtung hilft mir, mich respektvoll, wertschätzend und liebevoll zu behandeln und mir meine Fehler zu verzeihen. Selbstsicherheit wiederum stellt die Außenwirkung meines Selbstwertes dar.

Wie ist es, wenn ich ...

- *von anderen etwas einfordere und nachher ein schlechtes Gewissen habe, weil ich mich durchgesetzt habe?*
- *eine Entscheidung treffe, hinter der ich nicht stehe, nur um den Erwartungen Dritter zu entsprechen oder keine Konflikte zu erzeugen?*
- *meine Fähigkeiten und Potenziale nicht lebe, weil ich glaube, ich bin es nicht wert, es steht mir nicht zu?*

Dann bin ich nicht echt, nicht ich selbst, denn es steht kein tatsächlicher Selbstwert hinter meiner Selbstsicherheit. Je größer die Diskrepanz zwischen Selbstwert und Selbstsicherheit ist, umso weniger authentisch ist ein Mensch. Menschen, die nicht authentisch sind, ähneln einer Westernstadt, die offensichtlich durch hübsche Fassaden besticht, aber bei genauerem Hinsehen nur aus einem Haufen bunter Bretter besteht, die das Auge täuschen. Auch bieten diese bunten Bretter im Gegensatz zu einem Haus mit Fundament keine Sicherheit und keinen Schutz.

Autoaggression

„Wer sich selber hasst, den haben wir zu fürchten, denn wir werden die Opfer seines Grolls und seiner Rache sein. Sehen wir also zu, wie wir ihn zur Liebe zu sich selbst verführen!"

(Friedrich Nietzsche: *Werke II – Morgenröte*)

„Ich bin nicht schön genug, nicht intelligent genug, nicht liebenswert genug, nicht erfolgreich genug..." Die Liste der Autoaggression erzeugenden Glaubenssätze ließe sich sicher endlos fortführen. Autoaggressionen sind gegen mich gerichtete Aggressionen, die mein energetisches System empfindlich stören. Autoaggression und Eigenliebe sind zwei Gegenspieler: Je mehr ich mich selbst liebe, desto weniger Autoaggressionen habe ich. Und umgekehrt.

Autoaggressionen haben verschiedene Ursachen. Die Hauptursache ist sicher im Mangel an Eigenliebe begründet (siehe: Eigenliebe). Aber auch ein schlecht entwickeltes Urvertrauen erzeugt Autoaggressionen, denn es bewirkt ein erhöhtes Kontroll-

und Sicherheitsbedürfnis. Entspricht unsere Lebenssituation dann nicht diesen Bedürfnissen, machen sich schnell Schuldgefühle breit. Wir hadern mit uns, weil wir zu voreilig oder zu langsam waren, die falschen Entscheidungen getroffen haben, nicht aufmerksam genug waren, den Erwartungen nicht entsprochen oder anderen Menschen Schwierigkeiten bereitet haben, vielleicht etwas kaputt gemacht haben und so weiter und so fort. Sich schuldig zu fühlen heißt, sich schlecht zu fühlen, sich zu verachten, sich nicht so zu akzeptieren, wie man ist. All das wirkt autoaggressiv, also gegen mich selbst gerichtet. Autoaggressionen haben negativen Einfluss auf unseren Selbstwert und unsere Eigenliebe und begünstigen in Verbindung mit Stagnation und Pessimismus autoaggressive Erkrankungen (siehe: Krankheit und Gesundheit).

Flexibilität

„Spontanität will gut überlegt sein."

(Unbekannt)

Nicht jedem fällt es leicht, flexibel auf das zu reagieren, was ihm im Alltag widerfährt. Menschen mit Angst vor Veränderungen tun sich besonders schwer, denn sie fühlen sich erst sicher, wenn alles so verläuft, wie sie es geplant und kalkuliert haben.

Aber Flexibilität wird ja gerade dann benötigt, wenn wir uns in unvorhersehbaren Situationen bewähren oder behaupten müssen. Flexibilität ermöglich es uns, aus jeder Situation das Beste herauszuholen, indem wir uns schnellstmöglich den neuen Begebenheiten anpassen und uns fragen, welche Reaktion oder Handlung aktuell die besten Ergebnisse für uns erzielt.

Gerald Hüter beschreibt in seinem Buch *„Bedienungsanleitung für ein menschliches Gehirn"*, welche Auswirkungen mangelnde Flexibilität auf unser Gehirn und somit auf unser Verhalten hat.

Wenn wir uns unserer Muster und Prägungen weitestgehend bewusst sind, ist es uns möglich, uns in den Situationen zu erkennen, in denen es uns an Spontanität und Flexibilität mangelt. Sind wir achtsam und präsent im Augenblick, erkennen wir die Chancen und Möglichkeiten eines jeden Moments und können unser Verhalten entsprechend darauf ausrichten. Wie man den Aussagen von Gerald Hüter entnehmen kann, fällt uns Flexibilität umso leichter, je öfter wir sie üben.

Seien Sie sich bitte darüber im Klaren, dass ihr Gehirn sie nur ungern darin unterstützt, bewusst zu werden. Unbewusste Prozesse kosten unser Gehirn am wenigsten Kraft, wogegen bei jedem bewussten Gedanken in unserem Gehirn so viel Zucker und Sauerstoff verbrannt wird, wie ein Muskel in Bewegung verbraucht.

Aktivität

Zur Sicherung unserer materiellen Existenz müssen wir Leistung in Form von Arbeit erbringen. Diese Form von Aktivität nimmt in der Regel einen Großteil unserer Zeit in Anspruch. Zudem haben wir noch diverse gesellschaftliche Verpflichtungen, deren Einhaltung ein soziales Zusammenleben erst ermöglicht. Auch diese benötigen Zeit. Darüber hinaus ist es aber von größter Wichtigkeit, uns zeitliche Freiräume zu schaffen, in denen wir uns ausschließlich uns selbst widmen können. Unsere geistige Führung in Form unserer inneren Stimme wird nur dann von uns vernommen werden können, wenn uns keinerlei äußerliche Ablenkungen daran hindern. Zu den Ablenkungen zählen neben Internet, Computer, Radio, Fernsehen, Telefon, Essen, Trinken und Rauchen das übermäßige Ableisten von Überstunden, die Grübelei über Dinge, die wir nicht ändern können, die Beschäftigung mit Angelegenheiten, die uns nicht betreffen, oder das Gerede über andere Leute.

Wir alle neigen dazu, uns beschäftigt zu halten; fühlen uns als Sklaven der Zeit und unserer Umstände und sehen keinen Ausweg, wie wir es schaffen könnten, uns Zeit nur für uns einzuräumen. Wenn wir sagen, wir hätten keine Zeit nachzudenken, unserer Intuition zu lauschen, zu meditieren oder uns über unsere Wünsche und Bedürfnisse klar zu werden, betrügen wir uns selbst und bringen uns um die Möglichkeit, unser Leben nach unseren eigenen Vorstellungen zu gestalten.

Tatsächlich sind wir mittels unserer dauerhaften, selbst erzeugten Überbeschäftigung meistens auf der Flucht vor unseren eigenen Erkenntnissen, denn wir befürchten unkontrollierbare Veränderungen, für den Fall, dass wir uns darüber im Klaren sind, was wir tatsächlich wollen und wünschen. Es wird uns also nicht gelingen, zur Ruhe zu kommen, so lange wir die Notwendigkeit der Auseinandersetzung mit der eigenen Person nicht erkennen können und somit keine innere Bereitschaft entwickeln, uns Zeit dafür einzuräumen. Diese Erkenntnis ist der erste entscheidende Schritt zur Lösung unseres Zeitproblems.

Gehen Sie dann wie folgt vor:
- *Definieren Sie feste Zeiten, in denen Sie nur sich und Ihrer Entwicklung verpflichtet sind. Bedenken Sie: Innere und äußere Arbeit sollten den gleichen Stellenwert in Ihrem Leben einnehmen.*

- *Beobachten Sie sich, wie Sie versuchen, vor sich selbst wegzulaufen, indem Sie immer wieder Gründe finden, warum Sie gerade heute wieder einmal nicht dazu kommen, sich gezielt mit Ihrer Person zu befassen. Fragen Sie sich eindringlich, ob das, was Sie stattdessen tun, so wichtig und unaufschiebbar ist, dass es tatsächlich unabdingbar ist, auf die persönliche Auszeit zu verzichten.*
- *Verschaffen Sie sich Klarheit über Ihre Wünsche, Bedürfnisse und Ziele, indem Sie sie sowohl vom mentalen als auch vom emotionalen Standpunkt aus betrachten.*
- *Grenzen Sie sich freundlich, aber in aller Deutlichkeit von Arbeitgeber, Familie, Verwandtschaft, Freunde und Bekannte ab. Nur so bleibt Ihnen die benötigte Zeit für Introspektion (Innenschau). Denn ein angemessenes Verhältnis zwischen Ruhe und Aktivität zu finden wird Ihnen nur gelingen, wenn Sie Herr über Ihre Zeit sind und nicht anderen Menschen die Macht einräumen, über sie zu verfügen.*
- *Bringen Sie so viel Aktivität wie nötig, aber so viel Ruhe wie möglich in Ihr Leben, indem Sie sich bei allem, was Sie tun, nach Ihrem Motiv fragen: Tue ich es, weil ich es möchte? Oder weil ich glaube, dass es andere von mir erwarten? Oder weil ich mich einfach nur ablenken will? Seien Sie bei der Analyse bitte ehrlich zu sich selbst!*

Verbringen Sie mindestens einige Tage im Jahr allein oder in einer Gruppe von Menschen, die Ihnen bisher unbekannt waren. So können Sie sich neu kennenlernen, gewinnen Abstand zu Ihrer Alltagsroutine und sind so in der Lage, Ihr unbewusstes Verhalten besser zu erkennen. Grenzen Sie sich auch hier klar von den Erwartungen oder Befürchtungen Ihres Partners/Ihrer Partnerin ab.

Erwartungen

„Was hindert uns daran, das zu tun, was wir von den anderen erwarten?"

(Unbekannt)

Wir alle hegen eine Vielzahl von Erwartungen: an unsere Familie, unsere Freunde, unsere Mitarbeiter oder Kollegen, unsere Zukunft usw. Erwartungen nehmen viel Raum in unserem Leben ein. Sie führen häufig zu Enttäuschungen, wenn sie nicht erfüllt werden. Sind wir aber weitestgehend frei von Erwartungen, bleiben wir zentriert in unserer Mitte und üben auch keinen Druck auf unsere Mitmenschen aus. Ich möchte das Thema anhand einer Analogie darstellen:

Was passiert, wenn jemand versucht, mit aller Gewalt in Ihr Zimmer zu kommen? Sie werden sich mit ganzer Kraft gegen die Tür lehnen und sie zuhalten. Sie werden alles dafür tun, dass es der Person, die sie bedrängt, nicht gelingt, in Ihr Zimmer zu gelangen. Sie werden keinen Millimeter weichen. Wenn Sie dieses Bild auf das Thema Erwartungen übertragen, verstehen Sie, was passiert, wenn Sie an eine Person Erwartungen richten. Sie sind der- oder diejenige, der oder die in das Zimmer des anderen gelangen will, sprich: Sie möchten das Verhalten oder die Reaktion Ihres Gegenübers gemäß Ihren eigenen Vorstellungen verändern, also in seine Privatsphäre eindringen. Damit lassen Sie Ihrem Gegenüber wenig Spielraum, in der ihm angemessenen Form zu reagieren. Es versucht, den Druck, der auf ihn ausgeübt wird, zurückzugeben und Ihnen, um bei diesem Bild zu bleiben, die Tür zuzuhalten. Es findet also keinerlei Bewegung und auch keine Annäherung statt, weil Sie Ihrem Gegenüber aufgrund der von Ihnen ausgehenden Erwartungen keine Gelegenheit dazu geben.

Wenn ich von einer Person etwas erwarte, gebe ich Energie aus meinem Zentrum nach außen, was mich selbst ein Stück weit aus meiner Mitte reißt. Es zieht mir Achtsamkeit ab und führt mich somit aus der Präsenz, denn ich lenke meine Aufmerksamkeit ja auf die Person, die meinen Erwartungen entsprechen soll. Häufig erwarte ich von meinen Mitmenschen Zuwendung und Aufmerksamkeit, weil ich mich aufgrund meines mangelnden Selbstwerts und mangelnder Eigenliebe selbst nicht ausreichend nähren kann. Werden dann meine Erwartungen enttäuscht, bin ich tief verletzt. Somit machen uns unsere Erwartungen auch noch verwundbar.

Vielleicht bin ich ja auch der- oder diejenige, der/die dem Erwartungsdruck, den andere Menschen auf mich ausüben, nichts entgegenzusetzen hat. Ich versuche ständig, es allen und jedem recht zu machen. Das Motiv für dieses Verhalten ist meine Angst vor Minderwertigkeit und, je nach Erfahrung in der Kindheit, die Angst davor, bestraft zu werden, wenn ich den Erwartungen meiner Umwelt nicht entspreche.

„Allen Menschen recht getan, ist eine Kunst, die niemand kann", sagt ein Sprichwort. Ich befinde mich in einem Dilemma, wenn ich nicht in der Lage bin, meine eigene Position klar zu vertreten, wenn ich immer bemüht bin, das zu tun, was von mir erwartet wird. Ich bin nicht authentisch! Ich lebe nicht mein eigenes Leben nach meinen Spielregeln, sondern hänge wie eine Marionette an Fäden, die von meinen Mitmenschen geführt werden. Um niemanden zu verletzen, verbiege ich die Realität so lange, bis sich keiner von mir auf die Füße getreten fühlt. Ich verschweige, was ich glaube, nicht sagen zu können oder zu dürfen, und betone das, von dem ich annehme, dass mein Gegenüber es hören möchte. Dabei betrüge ich mich und andere. Obwohl ich doch nur versuche, allen zu gefallen und zu genügen, werde ich trotzdem für meine indifferente Haltung kritisiert oder falle durch Halbwahrheiten unangenehm auf, sodass Vertrauensbeziehungen zu meinen Freunden und Verwandten Schaden nehmen. Ich bin also nicht in einer „Win-win-Situation", wie es in der Geschäftswelt so schön heißt, sondern in einer „Loose-loose-Situation", in der alle Beteiligten Verlierer sind. Meine Selbstachtung wird nachhaltig untergraben, sodass ich immer weniger dazu fähig bin, mich entgegen den Erwartungen meiner Umwelt zu verhalten.

Nur wenn wir unseren Mitmenschen ohne Erwartungen begegnen, lassen wir ihnen den Raum, so zu handeln, wie es ihnen angemessen scheint, und üben somit keinerlei Druck aus. Lieben wir uns selbst, sind wir nicht darauf angewiesen, uns durch andere zu nähren und haben die Freiheit, den Erwartungen der anderen nicht entsprechen zu müssen. Wir übernehmen Eigenverantwortung und sorgen für uns selbst.

Wenn wir klar erkennen können, dass wir uns und auch anderen nur schaden, wenn wir versuchen, Erwartungen zu entsprechen, können wir damit aufhören. Wir fangen an, uns zu fragen, was für uns das Richtige, Erstrebenswerte ist, um auf dieser Grundlage klar zu kommunizieren und uns entsprechend abzugrenzen. So können wir viele Konflikte und Enttäuschungen in unserem Leben vermeiden.

Schutz des Solarplexus

Um das Eindringen unerwünschter, niederfrequenter Einflüsse zu verhindern, können Sie sich einen Schutz für den Solarplexus visualisieren. Haben Sie ein Gespräch mit Ihrem Vorgesetzten oder müssen einen Freund im Krankenhaus besuchen, dann stellen Sie sich bitte vor, wie Ihr Chakra durch einen Fensterladen, ein Kissen, eine Lotusblüte, oder was immer Ihnen gefällt, geschützt ist. Sie werden dann in der Situation feststellen können, dass Sie emotional weniger angreifbar sind und sich nicht so leicht aus Ihrer Mitte bringen lassen. Ist die Situation beendet, müssen Sie den Solarplexus öffnen, damit wieder Energie fließen kann. Visualisieren Sie also bitte, wie Sie den Schutz entfernen.

Prägungen des Solarplexus

„Lass das sein, das kannst du sowieso nicht – dafür bist du noch zu klein – davon verstehst du nichts – dein Bruder macht das viel besser", sind Sätze, die wir, wenn wir sie als Kind oft genug hören, für wahr halten und so zu der Überzeugung gelangen, dass wir tatsächlich dumm und unfähig sind. Diese Prägung wird unser Verhalten als Erwachsene in der Art und Weise bestimmen, dass wir uns nichts mehr zutrauen und grundsätzlich davon ausgehen, zu scheitern. Unser Selbstwert und unsere Selbstsicherheit nehmen Schaden und beeinflussen so den Zustand des Solarplexus.

Auch wenn wir als Kinder gezwungen werden, die an uns gestellten Erwartungen zu erfüllen, prägt uns dies und schafft niederschwingende Blockaden. Auch in diesem Fall werden unser Selbstwert und unsere Selbstsicherheit stark untergraben, sodass wir als Erwachsene in unserem Selbstausdruck kaum mehr authentisch sein können.

Organzuordnung / Krankheiten

Übersäuerung, Leber-, Galle- und Magenbeschwerden, Irritationen im oberen Darmbereich. In Verbindung mit dem Sakralchakra: Bauchspeicheldrüsenkrebs, Bluthochdruck.

Das Herzchakra

Das Herzchakra liegt in Höhe der Brustbeinspitze. Seine Öffnung zeigt nach vorne (und hinten). Seine Farben sind Hellgrün, Blattgrün, Rosa, Magenta und unter Umständen Gold.

Unsere Fähigkeit, jedweder Form der Liebe Ausdruck zu verleihen, erwächst aus dem Herzchakra. Liebe, Eigenliebe, Freude und Mitgefühl weiten das Herzchakra und lassen es in zartem Rosa und Hellgrün erstrahlen. Bei guter Entwicklung verfügen wir über Mut, Geduld und Gelassenheit. Friedfertigkeit, Einfühlungsvermögen, Selbstsicherheit und Klarheit bestimmen unser Auftreten, denn ein gut genährtes Herzchakra energetisiert den Solarplexus, mit dem wir uns in der Welt präsentieren und erfahren.

Ist der Energiefluss im Herzchakra gestört, leiden wir unter starken Stimmungsschwankungen, Eifersucht und Verspannungen. Wir neigen zu Egoismus und Unzuverlässigkeit. Lügen und Halbwahrheiten begleiten unser Leben. Oder aber wir haben ein Helfersyndrom, opfern uns auf für Anerkennung, geben viel, aber können schlecht annehmen.

Wenn unser Herzchakra langfristig verkleinert ist, macht sich Resignation breit.

Das Herzchakra kann als einziges Chakra nie zu groß werden.

Einige der Eigenschaften, die den Herzensqualitäten zugerechnet werden, möchte ich näher beschreiben.

Liebe

Andere zu lieben ist eine Kunst, geliebt zu werden ein Geschenk. ***Sich selbst zu lieben ist eine Notwendigkeit!***

Die Liebe gibt unserer Existenz überhaupt erst ihren Sinn. Sie unterliegt dem geistigen Gesetz der Liebe, das besagt, dass es das höchste Ziel aller Inkarnationen ist, lieben zu lernen. Liebe ist das Einzige, was nicht weniger wird, wenn wir es verschwenden. Liebe wollen alle Menschen unbedingt haben, und niemand bekommt jemals genug davon. Die Fähigkeit zu lieben ist in uns allen angelegt, wir müssen sie nur zulassen, sie in uns erwecken.

Alles, was auf der Erde geschieht, wird einzig und allein von zwei Motiven bestimmt: von der Liebe und von der Angst. Dies sind die stärksten Kräfte, die elementaren Einfluss auf unser Verhalten nehmen. Die Liebe hat verschiedene Facetten: die Eigenliebe, die bedingungslose Liebe, die Nächstenliebe, die Mutterliebe, die erotische Liebe, die Gottesliebe und die Liebe zur Natur. Erich Fromm hat sich in seinem Buch *„Die Kunst des Liebens"* schon 1956 intensiv mit der Liebe befasst. Dieses Buch möchte ich jedem ans Herz legen; es hat bis heute nichts an Aktualität verloren. Fromm sagt, unser Verlangen nach Liebe resultiert daraus, dass wir durch das Erlebnis der Vereinigung mit einem Menschen die Angst der Getrenntheit überwinden wollen.

Aber was ist Liebe eigentlich? „Liebe ist kein äußeres Tun, sondern eine grundlegende Änderung unseres Seins", heißt es in dem Buch *„Die geistigen Gesetze"* von Dr. Phil. Kurt Tepperwein. Liebe transformiert uns, öffnet unser Herz. Dank ihr sind wir bereit, uns berühren zu lassen, auch auf die Gefahr hin, verletzt zu werden. Liebe hilft uns, Entbehrungen und Leiden zu ertragen. Ohne Liebe wäre keine Mutter gewillt, ihre eigene Person hintenanzustellen, um ihr Kind zu versorgen. Und kein Kind wäre bereit, seine alten oder kranken Eltern zu pflegen. Lieben heißt, Erfüllung im Geben zu finden, ohne Ausgleich zu erwarten. Liebe lässt uns Impulsgeber für andere Menschen werden, denn sie gibt uns die Kraft, Reibung und Zurückweisung auszuhalten. Liebe befreit vom Ego, denn einen Menschen lieben heißt, ihm nur das Beste zu wünschen. Das beinhaltet die Möglichkeit, dass es dem Menschen, den ich liebe, ohne mich besser gehen kann als mit mir. Liebe ich diesen Menschen wahrhaftig, dann muss ich mich aus seinem Leben zurückziehen, anstatt ihn zu bedrängen oder um seine Liebe zu flehen.

Die Angst ist der Gegenspieler der Liebe, sie erzeugt Schatten, wo das Licht der Liebe leuchtet. Liebe ich einen Menschen, spüre dabei aber Eifersucht, Verlustangst oder Minderwertigkeit, verdunkeln diese Gefühle meine Liebe. Liebe kann auch in Hass umschlagen, wenn das Objekt meiner Begierde meine Liebe nicht erwidert oder sich von mir abwendet. Nach dem Gesetz der Polarität sind Liebe und Hass in Wirklichkeit eins; sie sind in Wahrheit die beiden Pole derselben Sache. Aus Liebe und auch aus Hass werden Morde begangen, nehmen sich Menschen das Leben oder lassen sich in Sekten versklaven.

Lieben heißt nicht fordern, wollen, besitzen, behalten, erwarten, sondern sich öffnen, geben, sich freuen, zulassen, sich hingeben, vertrauen und vergeben. Wenn wir lieben wollen, müssen wir lernen, Liebe zu empfinden und zu verschenken.

Leider gibt es diesbezüglich häufig Missverständnisse. Für viele Menschen ist es angstauslösend, wenn sie erfahren, dass es jemand gibt, der sie liebt. Es heißt ja in diesem Zusammenhang in unserem Sprachgebrauch nicht umsonst: „Der/die will was von mir". Wie kommt es zu dieser Reaktion auf eine Sache, die doch grundsätzlich höchst erfreulich sein könnte?

Vielleicht hatten wir einen Vater, der uns nur dann mit Aufmerksamkeit und Wertschätzung belohnte, wenn wir brav funktionierten und den väterlichen Erwartungen entsprachen. Sofern denn überhaupt ein Vater präsent war, denn es gibt ja leider sehr viele Kinder, die ohne die männlichen Vaterenergien aufwachsen müssen oder mussten.

Und möglicherweise hatten wir eine Mutter, die uns mit ihrer sanktionierenden Liebe mehr dressierte als erzog. Eine Mutter, die sich darüber definierte, wie gut und schnell wir uns entwickelten, ob wir besser waren als andere, den gesellschaftlichen Anforderungen entsprachen und uns ordentlich benahmen. Die sich besser fühlte, wenn wir studierten, statt eine Bäckerlehre zu machen, und von sich selbst sagte, sie sei stolz auf uns. Eine Mutter, die uns mit ihren emotionalen Erpressungen manipulierte, indem sie uns ein schlechtes Gewissen machte. Vielleicht auch eine Mutter, die uns mit ihrer überbehütenden Liebe so bedrängte, dass wir spätestens in der Pubertät das Gefühl hatten, fliehen zu müssen, um nicht erdrückt zu werden.

Vielleicht aber waren auch beide Elternteile uns nicht so zugetan, wie es für unsere seelische Entwicklung nötig gewesen wäre, sodass wir schon sehr früh beschließen, uns von anderen Menschen unabhängig zu machen. Das verleiht uns zum einen eine gewisse Stärke und Unangreifbarkeit, hat als „Nebenwirkung" aber die innere Überzeugung, dass es unmöglich ist, geliebt zu werden. Wir fürchten uns vor Liebe, weil wir Angst haben, dass wir, wenn wir uns erst einmal darauf einlassen, womöglich wieder „hungern" müssen, wieder nicht genug von dem kriegen, was wir doch so dringend brauchen.

Wachsen wir so auf, haben wir in Sachen Liebe schon den

ersten entscheidenden „Treffer" weg. Verlieben wir uns dann noch heftig, verlieren uns vielleicht in emotionaler Abhängigkeit, weil wir kaum noch Zugang zu unserer mentalen Kontrolle haben, machen wir mit diesem unkontrollierbaren und emotionalen Zustand ein weiteres Mal entscheidend negative Erfahrungen. Männer flüchten dann gerne in rein rationale Gefilde und tun alles, um sich nur ja nicht mehr in ihren Gefühlen zu verlieren. Mit dieser Angstprägung vor dem „Geliebtwerden" könnten die Assoziationen zu diesem Thema dann wie folgt ausfallen:

Geliebt werden heißt: Erwartungen erfüllen und funktionieren müssen, manipuliert werden, Kontrollverlust erleiden, der eigenen Freiheit beraubt werden, Schwierigkeiten haben, sich bedrängt fühlen.

Können wir es aber annehmen, geliebt zu werden, heben wir den eigentlichen Schatz, den das „Geliebtwerden" für uns bereithält. Dann wissen wir:

Geliebt werden heißt: Toleranz erfahren, Wertschätzung erleben, sich am Mitgefühl erfreuen, vertrauen können, Offenheit zeigen, Freiheit genießen, sich verbunden fühlen, Freude teilen, Achtung und Respekt spüren, angenommen sein.

Selbst wenn wir im Hintergrund negative Assoziationen zu dem Thema Liebe abgespeichert haben, können wir problemlos unsere (kleinen) Kinder lieben, da sie uns ja ihre Liebe scheinbar bedingungslos und frei von Erwartungen schenken. Entwickeln wir im Laufe der Jahre kein grundsätzliches Verständnis für Liebe und Eigenliebe, ändert sich in deren Pubertät sehr drastisch das Verhältnis zu unseren Kindern, weil wir die funktionsorientierte, erwartende, Bedingungen stellende Liebe, die wir selbst als Kinder erfahren haben, ungefiltert an unsere Kinder weitergeben.

Eigenliebe

„Liebe ist wie Luft: Man sieht sie nicht, und doch braucht man sie."

(Unbekannt)

Obwohl uns viele Mitmenschen egozentrisch erscheinen, ist tatsächlich mangelnde Eigenliebe das Grundübel unserer Gesellschaft. Selbstsüchtiges Verhalten wird gerade dadurch erzeugt, dass man sich selbst nicht liebt und versucht, den schmerzlich empfundenen Mangel zu kompensieren.

Ohne Liebe kann kein Mensch leben beziehungsweise überleben. Das wurde auf sehr traurige Art wissenschaftlich bewiesen. In einem Versuch wurde eine Gruppe von Babys aus einem Waisenhaus lediglich gewaschen, gewickelt und gefüttert. Die Betreuer wurden dazu angehalten, den Kleinen keine Liebe, Wärme oder Aufmerksamkeit zukommen zu lassen. Die Kontrollgruppe erhielt neben der körperlichen Grundversorgung von den Betreuern körperliche Nähe, Zärtlichkeit, Ansprache und Zuwendung. Alle Babys der ersten Gruppe starben innerhalb der ersten Lebenswochen. So unmenschlich dieser Versuch uns anmutet, so beweist er doch, wie unabdingbar wir auf Wärme, Liebe und Zuwendung angewiesen sind. Liebe ist existentiell für jeden Menschen.

Ob wir aber Liebe geben und somit nach dem Gesetz der Resonanz Liebe erfahren können, hängt einzig und allein davon ab, ob wir uns selbst lieben. Ohne Eigenliebe ist es uns unmöglich, einen anderen Menschen zu lieben. Denn nur was in uns ist, können wir auch nach außen geben. Auf der materiellen Ebene ist das sehr anschaulich zu erklären: Wenn Sie gerne einen Apfel von mir hätten, kann ich Ihnen nur einen geben, wenn ich selbst einen habe. Habe ich keinen, kann ich weder selbst einen essen, also mich nähren, noch Ihnen einen Apfel geben. Das klingt sehr logisch. Tatsächlich verhält es sich mit der Liebe nicht anders. Wir sind nur dann liebesfähig, wenn wir uns so lieben und akzeptieren können, wie wir sind. Nur wenn wir uns selbst Fehler eingestehen und verzeihen können, sind wir in der Lage, auch anderen Menschen zu vergeben. Achten und wertschätzen wir uns selbst, können wir auch unsere Mitmenschen achten und wertschätzen. Nähren wir uns selbst, können wir auch andere Menschen nähren.

Mangelt es mir jedoch an Eigenliebe, bin ich in einer schlechten Ausgangssituation. Da ich mich ohne Eigenliebe energetisch nicht nähren kann, bin ich darauf angewiesen, dass Angehörige und Mitmenschen mich lieben. Entziehen Sie mir ihre Liebe, leide ich emotionale Not, denn ich drohe, energetisch gesehen, zu verhungern. Also muss ich alles tun, damit meine Umwelt mich als liebenswert einstuft. Das hat Konsequenzen für mein Handeln: Grenze ich mich ab, weise ich Menschen zurück, sage ich nein, muss ich Liebesentzug befürchten. Diese Form der emotionalen Erpressung gemäß dem Motto: „Wir lieben dich nur, wenn du unseren Erwartungen entsprichst", ist uns häufig schon seit unserer Kindheit so eingeprägt, dass wir uns aus Angst vor Mangel kaum trauen, gegen unsere Prägungen zu handeln. Also sage ich ja, wo ich lieber nein sagen würde, verzichte darauf, Kritik zu üben, verweigere mich gegenüber meinen eigenen Bedürfnissen, weil ich es nicht wage, Forderungen zu stellen. Ich gebe meine Persönlichkeit und Authentizität auf, nur aus einer einzigen Angst heraus: nicht liebenswert zu sein, nicht geliebt zu werden.

Eigenliebe zu entwickeln ist deshalb eine der Hauptaufgaben unserer Inkarnation und gleichzeitig eine der schwierigsten.

Der Sinn einer ganzen Inkarnation kann darauf gerichtet sein, Eigenliebe zu erlernen. Haben wir in vergangenen Inkarnationen unmenschlich oder unmoralisch gehandelt, ist uns dieses Verhalten spätestens auf der Astralebene, also nach dem Tod, bewusst geworden. Vielleicht schämen und verachten wir uns dafür oder lehnen uns ab. Dann planen wir mit Hilfe unseres Seelenplans Inkarnationen, in denen wir lernen wollen, uns wieder selbst zu lieben und wertzuschätzen. Dazu wählen wir für unser Leben ein schwieriges Umfeld, zum Beispiel Eltern, die uns wenig oder keine Liebe geben können, eine Kindheit im Heim oder bei lieblosen Verwandten. Denn ohne die Erfahrung von Liebe und Wärme in der Kindheit entwickeln wir das Gefühl, nicht liebenswert zu sein, fühlen uns minderwertig und beginnen, uns selbst dafür zu verachten.

Würden wir in einem solchen Fall in Kindertagen schon mit Liebe überschüttet, gäbe es kein Wachstum für uns. Wir blieben abhängig von der Liebe unserer Mitmenschen, ohne zu lernen, uns durch Eigenliebe zu nähren. Denn wenn wir unser Ziel schon erreicht haben, müssen wir uns ja nicht mehr bewegen. Die Eltern fungieren also in diesem Fall als Erfüllungsgehilfen. Sie helfen uns mit ihrem lieblosen Verhalten, eine Basis der Erfahrung zu erzeugen, von der aus wir uns in die angestrebte Richtung entwickeln können. Das Leben selbst bietet eine Vielzahl an Erfahrungsmöglichkeiten, die uns Gelegenheit geben, uns selbst wieder annehmen zu lernen.

Auch wenn es keine karmischen Verstrickungen mit diesem Thema gibt, stellt uns das Erlernen von Eigenliebe vor große Herausforderungen. Uns so zu akzeptieren, wie wir sind, fällt uns schwer. Uns selbst verständnisvoll anzunehmen, mit all unseren menschlichen Schwächen, unserer mangelnden Disziplin, unserer Unvollkommenheit. Dabei sollten wir zu unseren Fehlern stehen und bereit sein, aus ihnen zu lernen. Denn einen Fehler zu machen heißt, eine Erfahrung zu machen. Wissen wir darum, dass jede, wie auch immer geartete Erfahrung wertvoll ist, können wir aus der Bewertung und Beurteilung gehen und unser Sosein annehmen. Wir können uns stattdessen für unseren Mut und unser Durchhaltevermögen loben, dass wir uns trotz vielfältiger Schwierigkeiten und Probleme dem Leben stellen.

Sich selbst zu lieben heißt,...

- *unsere Person liebevoll anzunehmen. Wir sollten es uns wert sein, dass es uns gut geht. Dabei tragen wir eigenverantwortlich dafür Sorge, dass wir nicht mehr Energie nach außen geben, als wir uns selbst wieder zuführen können. Dazu bedarf es der Fähigkeit, sich abzugrenzen: gegen Menschen und Situationen, die uns nicht dienlich sind.*
- *ein gesundes Maß an Selbstkritik zu entwickeln. So viel, dass wir uns dabei nicht autoaggressiv für alles die Schuld geben; aber auch nicht zu wenig, damit wir uns nicht selbst betrügen. Sind wir in der Lage, ein tragfähiges Urvertrauen zu entwickeln, wird uns klar, dass alles in sich sinnvoll und notwendig ist. Kaum eine Situation wird nur von einem einzelnen Menschen allein erschaffen, sondern es bedarf immer mehrerer Komponenten oder Personen, die daran beteiligt sind. Somit dürfen alle Beteiligten Lernerfahrungen machen, verarbeiten und daran wachsen und nicht nur wir allein (siehe: Schuldgefühle).*
- *unser Konkurrenzdenken zu überwinden. Sehen wir uns ständig im Vergleich mit anderen, werden wir sicher immer etwas finden, was jemand besser kann oder wo ein anderer mehr hat als wir. Erst wenn uns klar ist, dass jedes Leben*

seine eigenen Herausforderungen und Möglichkeiten hat und deshalb keine Vergleiche angestellt werden können, gelingt es uns, Konkurrenz ohne jede Autoaggression als reine Belebung oder Ansporn für unsere Person anzusehen.

- *die Bereitschaft zu besitzen, alle Arten von Erfahrungen zu machen. Definieren wir unsere persönliche Wertschätzung über unseren Erfolg, ist unsere Eigenliebe von Äußerlichkeiten abhängig. Sind wir erfolgreich, genießen wir Beachtung und Anerkennung; machen wir Karriere, sind wir öffentlich bekannt, dann leiten wir daraus ab, liebenswert zu sein. Scheitern wir, versagen wir, bleibt der Erfolg aus, und wir sind schnell der Meinung, dass wir es wohl nicht wert sind, so geliebt zu werden, wie wir sind. Dabei sollten wir anerkennen, dass jede Erfahrung lebenswert ist, auch wenn sie sich nicht immer gut anfühlt. Jeder Mensch ist grundsätzlich liebenswert; allein dafür, dass er bereit ist, sein Leben auf dem Übungsplaneten Erde zu leben.*

- *unsere Eifersucht zu heilen. Getrieben von der Angst, dass jemand besser, schöner, liebenswerter sein könnte, quälen wir unsere Partner mit Eifersuchtsszenen und bestrafen uns selbst mit Kontrollzwang und Selbstzweifeln. Sind wir bereit, alle Erfahrungen, die wir im Zusammenhang mit Beziehungen machen, als wertvoll und wachstumsfördernd anzunehmen, können wir uns von unserer Eifersucht befreien. Wendet sich unser Partner tatsächlich einem anderen Menschen zu, hat es nichts damit zu tun, dass wir nicht gut genug oder nicht ausreichend liebenswert wären. Es weist lediglich darauf hin, dass sich die Resonanzen einer der beiden Partner so verändert haben, dass in Folge davon Menschen angezogen werden, mit denen neue Erfahrungen gemacht werden können und sollen.*

- *unsere Selbstständigkeit und Entscheidungsfähigkeit zu stärken. Können wir unser Leben weitestgehend ohne größere Abhängigkeiten bestreiten, sowohl emotional als auch materiell, sind wir frei. Diese Freiheit lässt uns Entscheidungsspielraum; wir können wählen oder zurückweisen, so, wie es unseren Vorstellungen und Bedürfnissen entspricht. Stehen wir hinter unseren Entscheidungen, stärkt das unser Selbstwertgefühl, was letztlich wieder unsere Eigenliebe nährt und unser Herzchakra weitet.*

Uns selbst zu lieben ist so, als wenn wir für uns einen leckeren, verheißungsvoll duftenden, hübsch verzierten Kuchen backen. Zum einen können wir uns an seiner ansprechenden Optik und seinem leckeren Duft erfreuen. Zum anderen ist er so groß, dass wir ihn gerne mit anderen teilen und uns trotzdem allzeit daran satt essen können. Und wenn dann noch jemand kommt und uns Schlagsahne dazu schenkt, können wir uns mit diesem Menschen zusammen nähren und am Kuchengenuss erfreuen. Aber Schlagsahne pur, ganz ohne Kuchen, kann leicht zu Magenverstimmung und Übelkeit führen...

Mangelnde Eigenliebe erzeugt auch in unseren Beziehungen erhebliche Schwierigkeiten. Aufgrund des Gesetzes der Resonanz (siehe: Gesetz der Resonanz) ziehen Menschen, die einen Mangel an Eigenliebe aufweisen, Menschen an, denen es ebenfalls an Eigenliebe mangelt. Jeder erwartet nun vom anderen, dass er den Mangel, den er selbst empfindet, mit Liebe kompensiert. Aber wie kann jemand einen anderen Menschen lieben, wenn er selbst keine Liebe in sich trägt? Oder wenn er Liebe „gibt", seinen Mangel noch vergrößert und zum Ausgleich des eigenen Ungleichgewichts nun noch dringender auf die Liebe des anderen angewiesen ist?

Oft ist dann zu beobachten, dass in Familien mit Kindern der Fokus beider Eltern nur noch auf die Kinder gerichtet ist, da die Kinder ja in der Lage sind, Liebe zu geben, an der sich die Eltern letztlich nähren können. Eine fatale Situation, sollten doch eigentlich die Eltern die Kinder nähren und nicht umgekehrt.

Gerade Mütter neigen dann dazu, ihren Kleinen jeden Wunsch von den Augen abzulesen und ihnen keinerlei Grenzen mehr aufzuzeigen, nur um nicht in Gefahr zu geraten, dass ihnen ihr Kind die Liebe entzieht. Aber auch so mancher Vater sonnt sich in der Bewunderung seiner Kinder, um seinen Mangel an Eigenliebe zu kompensieren. Die Partnerschaft gerät dadurch meistens noch mehr in Schieflage.

Letztendlich ist nur auf der Grundlage einer gut entwickelten Eigenliebe überhaupt eine Beziehung möglich, sodass jeder, der sich eine funktionierende, glückliche Partnerschaft wünscht, zuerst an seiner Eigenliebe arbeiten muss.

Bedingungslose Liebe

Haben wir gelernt, uns selbst zu lieben, ist unser Wachstum an diesem Punkt noch lange nicht abgeschlossen. Wir machen uns nun auf, bedingungslose Liebe zu lernen. Eingebunden in ein stark polares Wertesystem, fällt uns schon die Vorstellung schwer, bedingungslos zu lieben. Für uns ist es ja gerade die Exklusivität, die die Liebe ausmacht. Unser Partner/unsere Partnerin soll nur uns lieben und sonst niemanden. Schon die Anwesenheit von Singles in der Nähe unserer Frau/unseres Mannes beunruhigt uns. Unsere Kinder sollen nur uns lieben. Bei mangelnder Eigenliebe ist es schon ein Problem, wenn die Kinder äußern, die Mutter vom Nachbarkind wäre sehr nett. Eifersucht steigt auf: „Ist sie besser als ich? Was hat sie, was ich nicht habe? Was mache ich falsch?"

Liebe ist aber viel mehr als das und wird leider häufig eher mit Besitz, Anspruch, Erwartung und Eigentum in Verbindung gebracht, anstatt mit Toleranz, Mitgefühl, Wertschätzung, Geduld, Vertrauen, Ehrlichkeit und Offenheit.

Ich möchte versuchen, Ihnen durch ein Bild zu veranschaulichen, wie bedingungslose Liebe gelebt werden kann:

Stellen Sie sich eine russische Puppe vor. Der innerste Kern dieser Puppe ist unsere Seele, unser ewiges, unsterbliches Sein. Jede äußere Puppe stellt eine Rolle in unserem Leben dar, die wir bekleiden. Diese Rollen werden vom Verstand, vom Geschlecht und über die Prägungen geschaffen.

Wir sind Vater oder Mutter, Schwester oder Bruder, Tochter oder Sohn, Angestellter oder Selbstständiger, Student oder Arbeitsloser, Nachbar oder Nachbarin usw. Nur selten sind wir ganz wir selbst. Jede dieser gesellschaftlichen Rollen stellt besondere Ansprüche an uns. Häufig sind wir nicht authentisch, was bedeutet, dass wir uns in den verschiedenen Rollen sehr unterschiedlich präsentieren. Vielleicht ducken wir uns vor dem Chef, schreien aber zu Hause die Kinder an. Oder wir lassen uns noch immer von unseren Eltern bevormunden, ohne aufzubegehren, versuchen aber ständig, unseren Partner/unsere Partnerin zu dominieren.

Das Gefühl wiederum ist die eigentliche Verbindung zwischen den einzelnen Puppen. Es verbindet die Seele mit allen Rollen und alle Rollen miteinander. Gleichzeitig bleibt die Seele als unser innerster Kern letztendlich von den Gefühlen und dem Verstand unberührt. Sie ist nur Beobachter und erfährt sich durch die Interaktion der verschiedenen Rollen in Verbindung mit den Gefühlen und den daraus abgeleiteten Taten. Wir sind umso authentischer, je mehr unser Denken, Tun und Handeln in Verbindung mit diesem inneren Kern ist.

Einen Menschen bedingungslos zu lieben heißt, seinen inneren Kern – seine Seele – zu lieben. Diese Liebe ist somit völlig unabhängig vom Denken, Fühlen oder Tun desjenigen, den wir lieben. Wir lieben den Kern um seiner selbst willen, dafür, dass er ist. Und wenn wir diese Liebe von unserem eigenen ewigen, unsterblichen Innersten heraus leben, ist sie völlig frei von Erwartungen, denn nur das Ego der einzelnen Rollen führt in die Erwartung. Der Kern, also die Seele, hat kein Ego. Hier gibt es nur das reine Sein.

Tatsächlich kann es uns nur gelingen, bedingungslos zu lieben, wenn wir erfüllt sind von Eigenliebe. *Liebe geben* heißt es, wir geben also etwas von unserer Energie in Form unserer Liebe ab. Wenn wir nicht von ausreichender Eigenliebe erfüllt sind, hinterlässt die Liebe, die wir geben, eine Lücke, die durch Aufmerksamkeit, Beachtung oder Zuwendung desjenigen, den wir lieben, wieder ausgeglichen werden muss. Werden unsere Erwartungen und Wünsche vom Gegenüber nicht erfüllt, verspüren wir Mangel und Verlust, vielleicht sogar Angst oder Wut.

Liebe ich mich selbst, kann ich von meiner Liebe problemlos etwas abgeben, ohne Mangel zu erleiden. Ich kann mich am Geben erfreuen, völlig frei von Erwartungen oder der Notwendigkeit, etwas zurückzubekommen. So vermeide ich Enttäuschungen und werde durch die Fülle meiner Liebesfähigkeit reich belohnt.

Wir sollten also unsere Liebe nicht „geben", sondern „fließen" lassen. Ein breiter Strom, in dem große Mengen Wasser fließen, erwartet ja auch nicht, dass das Wasser jemals wieder zu ihm zurückkehrt. Auch hat er keine Sorge, dass kein Wasser mehr nachkommt und er austrocknet. Er ist einfach das Fließen und das Strömen selbst. Wenn wir es schaffen, dass unsere Liebe fließt, sind wir einem der schwierigsten Kapitel unserer irdischen Existenz, nämlich bedingungslos lieben zu lernen, ein großes Stück nähergekommen.

Selbstkritik

„Ich kann die Welt nicht verändern, aber einen einzelnen Menschen: mich selbst."

(Karlheinz Böhm)

Selbstkritik ist nützlich und geradezu unerlässlich, wenn wir nicht nur wachsen, sondern unser Leben dabei auch freudvoller und leichter machen wollen. Die Kunst besteht darin, das rechte Maß an Selbstkritik zu üben.

Ein Übermaß an Selbstkritik führt dazu, dass wir autoaggressiv gegen uns vorgehen. Wir behandeln uns lieblos, verurteilen uns für unser Denken, Fühlen und Handeln und geben uns für alles die Schuld. Dadurch schwächen wir uns, machen uns handlungs- und entscheidungsunfähig.

Zu wenig Selbstkritik führt zu Selbstbetrug. Denn wenn wir unser Verhalten nicht ausreichend kritisch analysieren und hinterfragen, neigen wir dazu, Ursachen und Wirkungen so lange zu verzerren, bis das mental erwünschte Ergebnis vorliegt. Aspekte, die uns schmerzen oder Unbehagen bereiten, blenden wir dabei aus. Die Schuld wird im Außen gesucht.

Üben wir keinerlei Selbstkritik an unserer Person, führt dies unweigerlich zu Arroganz, Besserwisserei und Überheblichkeit. Außer wir sind tatsächlich geistig so minderbemittelt, dass uns Selbstkritik nicht möglich ist.

Das rechte Maß besteht darin, uns mit liebenden, wertschätzenden Augen zu begutachten, Situationen auf unser eigenes Verhalten hin zu untersuchen und bei dieser Analyse zu klaren Ergebnissen zu kommen. Die Frage nach der Schuld muss durch die Fragen „Würde ich mich in einer ähnlichen Situation wieder so verhalten? Was habe ich gut gemacht? Habe ich etwas Entscheidendes übersehen? Wie könnte ich es beim nächsten Mal noch besser machen?" ersetzt werden. Nur so erkennen wir unsere eigenen Stärken und Schwächen, unsere Denkmuster und Glaubenssätze. Selbsterkenntnis wiederum ist die Grundlage aller erfolgreichen Entscheidungen.

Die nachfolgende Liste enthält Eigenschaften, die dem Herzchakra zugeordnet werden. (Aus Christian Rauch *„Werkzeuge des Lichts"*) Können wir uns diese Eigenschaften zu eigen machen, weitet sich das Herzchakra; es fließt also mehr Energie hinein. Bitte prüfen Sie selbstkritisch, welche der genannten Herzensqualitäten sie schon leben können, und welche noch der Übung bedürfen:

Mut – Gelassenheit – Verbundenheit – Hingabe – Harmonie – innere Ruhe – Friedfertigkeit – Toleranz – Freude – Dankbarkeit – Humor – Offenheit – Demut – Mitgefühl – Geduld – Vertrauen – Ehrlichkeit – Klarheit – Wertschätzung – Bedingungslose Liebe – Selbstsicherheit – Empfänglichkeit – Liebenswürdigkeit – Fähigkeit, zu vergeben – Weisheit – Kommunikationsfähigkeit.

Toleranz

„Ich bin zwar anderer Meinung als Sie, aber ich würde mein Leben dafür geben, dass Sie Ihre Meinung frei aussprechen dürfen."

(René Descartes)

Mangelnde Toleranz liegt, sofern sie uns nicht schon in frühester Kindheit mittels Feindbildern anerzogen wurde, in mangelndem Selbstwert begründet. Fühlen wir uns selbst minderwertig, nutzt unser Ego jede Gelegenheit, um sich selbst zu erhöhen. Menschen anderer Rasse oder Hautfarbe, Minderheiten, Frauen oder auch sozial Schwache geben Anlass, uns mit ihnen zu vergleichen, um zu der Feststellung zu gelangen, dass wir besser, schöner, ordentlicher, sauberer, stärker oder erfolgreicher sind als sie. Nach dem Gesetz der Harmonie ist das nur das Gegengewicht zu den Situationen, in denen wir uns klein, minderwertig, dumm, unfähig oder verarmt vorkommen. Toleranz entsteht also nicht über den Verstand, denn selbst wenn wir tolerant denken, werden wir immer noch bewertende, verurteilende oder ablehnende Gefühle hegen.

Toleranz entsteht,...

- *wenn wir uns selbst etwas wert sind, uns so lieben und respektieren, wie wir sind. Denn nur so können wir auch andere Menschen in ihrem Sosein annehmen.*
- *wenn wir aufhören, zu vergleichen. Das ist möglich, sobald wir erkennen, dass jedes Wesen und jeder Selbstausdruck eines Menschen eine mögliche Spielart im Spiel der Erfahrungen ist und somit gelebt und erfahren werden darf und muss.*

- *durch Demut. Indem wir bereit sind zuzugeben, dass nicht wir das Maß aller Dinge sind, sondern unser Sosein und unser ureigenstes Denken und Fühlen nur eine von einer unendlichen Anzahl an Möglichkeiten darstellt und nicht besser oder schlechter ist als jede andere Möglichkeit.*
- *durch Mitgefühl. Wenn wir verinnerlicht haben, dass kein Mensch von einem anderen Menschen abgelehnt und verurteilt werden möchte, so wenig, wie wir selbst diese leidvollen Erfahrungen machen möchten.*
- *durch den Respekt vor der Schöpfung in ihren unzähligen Ausprägungen.*

Empathie

Die Fähigkeit zur Empathie ist für einen reibungsarmen Umgang mit unseren Mitmenschen unerlässlich. Sie stellt die Grundlage unseres Mitgefühls dar und öffnet uns das Herz. Sie macht uns liebenswert und warmherzig und ist eine der herausragenden menschlichen Qualitäten. Empathie bedeutet die Sensibilität, sich in einen anderen Menschen einzufühlen. Sind wir fähig, uns in die Situation unseres Gegenübers hineinzuversetzen, können wir jedem Menschen respektvoll begegnen und ihm, falls nötig, unsere Hilfe und Unterstützung anbieten. Auf dieser Grundlage können wir uns aber auch klar abgrenzen, ohne den anderen unnötig zu verletzen.

Über Empathie verfügen wir aber nur, wenn wir bereit sind, auch unsere eigenen Gefühle anzuschauen. Blenden wir diese aus, weil sie für uns unberechenbar oder schmerzhaft sind, sind wir auch nicht in der Lage, die Gefühle anderer Menschen wahrzunehmen. Diese Unfähigkeit verengt das Herzchakra, lässt uns kühl und unnahbar erscheinen und macht uns anfällig für Übergriffe und respektlose Handlungen.

Die Hirnforschung macht einen Mangel an Spiegelneuronen verantwortlich für die Unfähigkeit, sich in andere Menschen einzufühlen.

Mitgefühl und Mitleid

Den Schmerz der anderen muss ich bekämpfen, weil es genauso Schmerz ist wie mein eigener. Die anderen sind fühlende Wesen genau wie ich. Deshalb muss ich zu ihrem Wohl handeln.

(Dalai-Lama)

Mitgefühl zählt zu den Herzensqualitäten. Viele Menschen verwechseln Mitleid mit Mitgefühl. Haben wir Mitleid, leiden wir, wie das Wort schon sagt, mit einem Menschen mit. Zum einen lindert es das Leiden unseres Gegenübers nicht, zum anderen schwächt es unsere Energie und macht uns handlungsunfähig. Häufig schwingt bei unserem Mitleid ganz subtil der Gedanke mit, froh zu sein, dass es uns selbst nicht erwischt hat...

Dazu ein Beispiel:

Stellen Sie sich vor, vor Ihren Augen stürzt eine alte Dame. Voller Mitleid eilen Sie zu ihr, knien sich neben sie, kämpfen mit den Tränen in Gedanken daran, dass die alte Dame Schmerzen empfindet, sich vielleicht so schwer verletzt hat, dass sie in Folge des Sturzes nun ihre Wohnung verlassen und in eine Altenheim ziehen muss. Noch Tage danach fühlen Sie sich belastet und unglücklich. Hilft das der gestürzten Dame? Wohl kaum.

Fehlt es Ihnen gänzlich an Herzensqualität, werden Sie

schauen, dass Sie sich der Situation so schnell wie möglich entziehen, um nur ja nicht gefordert zu sein oder emotional berührt zu werden.

Haben Sie Mitgefühl, werden Sie sich der Dame zuwenden, sich nach Ihrem Befinden erkundigen, entsprechende Maßnahmen zu ihrer Hilfe einleiten und so lange vor Ort bleiben, bis alles Nötige erledigt wurde. Dann werden Sie aus der Situation herausgehen, ohne weiter durch das Vorgefallene belastet zu sein. Das ist produktiv.

Mitgefühl entspringt unserer eigenen Erfahrung. Aber nicht alle Erfahrungen müssen in diesem Leben gemacht werden. Viele stehen uns über unsere Intuition aus vergangenen Leben zur Verfügung, sodass wir durchaus in der Lage sind, auch in den Situationen Empathie und Mitgefühl zu zeigen, die nicht unserem persönlichen Erfahrungshorizont entsprechen.

Mitgefühl hilft uns, unsere Mitmenschen zu verstehen. Wer jemals Liebeskummer hatte, weiß, wie man sich damit fühlt. Ist nun ein Freund von uns unglücklich verliebt und klagt über Schlaf- und Appetitlosigkeit, haben wir Verständnis, können ihn trösten, dass es vorbeigeht und es ihn nicht umbringt, auch wenn es sich so anfühlt.

Ohne Mitgefühl reagieren wir auf den Kummer des Freundes mit Unverständnis. „Wegen der/dem regst du dich so auf? Mensch, stell dich nicht so an…".

Sind wir voller Mitleid, nähren wir mit unserer Aufmerksamkeit das Unglück unseres Freundes, wodurch es nicht weniger, sondern mehr wird. Mitleid belastet nicht nur uns selbst, sondern verstärkt noch das Leid der Person, der wir Mitleid entgegenbringen. Zudem empfinden nicht selten Betroffene das Mitleid ihrer Umwelt als unangenehm.

Achtsamkeit und Hingabe

„Viele Leute versäumen das kleine Glück, während sie auf das große Glück vergeblich warten."

(Unbekannt)

Hingabe gehört zu den Qualitäten, die das Herzchakra öffnen. Um uns hingeben zu können, müssen wir achtsam, also präsent im Augenblick sein.

Haben Sie schon einmal beobachten können, wie ein Baby mit seinen Händen spielt? Es ist in dem Moment sehr konzentriert und fokussiert sich ausschließlich auf seine sinnlichen Wahrnehmungen. Achtsamkeit ist uns also angeboren, sie geht uns aber im Laufe der Kindheit durch die vielen verschiedenen Eindrücke und Einflüsse, die auf uns einwirken, immer mehr verloren. Wir können Achtsamkeit wieder lernen, aber sie muss geübt werden.

Versuchen Sie einmal, während Sie am Tisch sitzen und essen, einfach nur wahrzunehmen. Wie fühlt sich Ihr Gesäß auf dem Stuhl an? Wie die Füße auf dem Boden? Spüren Sie das Besteck in Ihren Händen, riechen Sie den Duft der Speisen, die sie zu sich nehmen. Spüren Sie die Konsistenz dessen, was Sie gerade essen, in Ihrem Mund. Versuchen Sie, den Geschmack zu erfassen. Wie fühlt sich das Schlucken an? Welche Geräusche nehmen Sie wahr?

Wenn Sie diese Übung das erste Mal machen, werden Sie feststellen, wie viel Ihnen eigentlich entgeht. Einerseits hilft uns die Fähigkeit, Dinge auszublenden, dabei, unseren Alltag zu bewältigen. In der heutigen Zeit würden sonst alle Menschen an permanenter Reizüberflutung leiden. Andererseits entgeht uns vieles, das unsere Aufmerksamkeit verdient hätte. Nehmen Sie sich also immer wieder Zeit und üben Sie ganz bewusst Achtsamkeit. Für den Anfang ist es am leichtesten, sich auf nur eine Sache zu konzentrieren, zum Beispiel auf das Gehen. Richten Sie Ihr Augenmerk nur auf Ihre Füße. Schnell werden Sie feststellen, dass Ihre Gedanken abschweifen, aber lassen Sie nicht locker. Kehren Sie immer wieder zur Wahrnehmung Ihrer Füße zurück. Dehnen Sie die Übungen nach und nach immer weiter aus. Sie werden feststellen, wie sich Ihre Achtsamkeit und Präsenz im Alltag steigert und Sie Dinge wahrnehmen, die sich Ihrer Aufmerksamkeit bisher entzogen haben.

Es gibt eine schöne Zen-Geschichte, die uns vermittelt, worum es geht:

Die Schüler fragen ihren Meister, worin seine Weisheit besteht. Er antwortet: „Wenn ich laufe, dann laufe ich. Wenn ich sitze, dann sitze ich. Wenn ich stehe, dann stehe ich." Die Schüler sind erstaunt und verwirrt über diese Antwort. Das soll alles sein? Sie fragen nochmals, aber der Meister antwortet wieder: „Wenn ich laufe, laufe ich. Wenn ich sitze, sitze ich. Wenn ich stehe, stehe ich." Die Schüler antworten: „Aber Meister, das tun wir doch auch, und wir sind nicht so erleuchtet wie du!" „Nein", antwortet da der Meister: „Wenn ihr sitzt, dann seid ihr schon aufgestanden. Wenn ihr aufgestanden seid, seid ihr schon losgegangen. Und wenn ihr losgegangen seid, seid ihr schon angekommen."

Unsere Präsenz ist die Grundlage objektiver Wahrnehmung. Sie ermöglicht es uns, die Wirklichkeit zu erfahren, ohne dass diese durch unsere Prägungen, Wünsche und Blockaden verzerrt wird. Sind wir ganz im Hier und Jetzt, können wir klar erkennen, was der Moment an Möglichkeiten und Freude zu bieten hat. Fällen wir jetzt eine Entscheidung, fließen alle aktuellen Aspekte in sie ein, und sie wird nicht durch unsere – möglicherweise gar nicht mehr zeitgemäße – Planung verzerrt.

Jeder Augenblick unseres Lebens ist Tod und Geburt zugleich. Eine Sekunde vergeht unwiederbringlich und macht gleichzeitig Platz für eine neue. Wir müssen in jedem Moment unseres Lebens bereit sein, das Alte, Vergangene loszulassen und uns für das Neue zu öffnen.

Hingabe ist die Fähigkeit, eins zu werden mit unserer Tätigkeit. Einfach nur zu sein, in einer Sache ganz aufzugehen, in diesem Moment an nichts anderes zu denken als an das, was gerade ist. Geübte Zen-Bogenschützen sind in der Lage, in einem abgedunkelten Raum eine Zielscheibe auf eine Distanz von 70 m im Zentrum zu treffen. Wie sie das machen? Sie geben sich hin, unter Aufwendung eines Höchstmaßes an Konzentration: Der Zielende, der Pfeil, der Bogen und die Zielscheibe werden eine Einheit, es gibt keine Trennung mehr. Das ist Hingabe.

Dankbarkeit

„Das Geheimnis des Dankens für alles, was ist, lässt den Glauben tätig werden, der Berge versetzt."

(Kurt Tepperwein)

Dankbarkeit hilft uns bei der Wertschätzung dessen, was uns täglich an Gutem widerfährt. Selbst in schwierigen Lebenslagen gibt es noch viele Aspekte, für die wir dankbar sein können. Sind wir in einer finanziellen Notlage, erfahren wir womöglich Unterstützung von Freunden, Bekannten oder auch vom Staat. Sind wir krank, gibt es vielleicht Menschen, die sich um uns kümmern und uns pflegen. Wir aber sehen bevorzugt das, was nicht unseren Vorstellungen entspricht; nur selten ist uns etwas gut genug. Mitten im Sommer beklagen wir, dass es im Winter so früh dunkel wird, weil wir nicht im Hier und Jetzt sind, um uns dank unserer Präsenz am Sonnenschein zu erfreuen. Dabei übersehen wir, wie überglücklich wir uns preisen können, am Leben zu sein, Freunde und Familie zu haben, atmen, lachen, fühlen, essen und trinken zu können und im Notfall medizinische Versorgung zu erhalten.

Der Mensch ist ein Gewohnheitstier. Leben wir auf einer Müllkippe, erhält uns genau diese Eigenschaft, nämlich Umstände als gegeben hinzunehmen, am Leben. Stellen Sie sich vor, Sie müssten jeden Tag mit einem Tonkrug auf dem Kopf mehrere Kilometer bis zur nächsten Wasserstelle laufen, deren Trinkwasserqualität zudem noch zweifelhaft ist. Sicher wären Sie dann sehr froh, wenn eine Wasserleitung bis in Ihr Dorf gelegt würde, aus der sauberes, klares Wasser fließt.

Können wir uns beim Duschen, Baden, Waschen, Blumengießen, Wäsche waschen, Putzen oder Kaffee kochen noch bewusst an der Qualität und der Verfügbarkeit unseres Wassers erfreuen? Leider nein! Oder höchstens dann, wenn die Heizung ausfällt und wir einmal kalt duschen müssen...

Aber wir können Bewusstheit und Achtsamkeit erlernen und uns dem Leben dankbar erweisen. Wenn wir uns die Kraft der Gewohnheit zunutze machen, werden wir gewohnheitsmäßig achtsam, dankbar und wertschätzend.

Mut

„Mut bedeutet nicht, keine Angst zu haben, sondern es ist die Entscheidung, dass etwas anderes wichtiger ist als die Angst."

(Mark Ambrose: *„Red Moon"*)

Mut wird den Herzensqualitäten zugerechnet. „Dem Mutigen gehört die Welt", besagt ein Sprichwort. Mut beflügelt uns in Situationen, die sich unserer Kontrolle entziehen. Mut gibt uns die Kraft für Zivilcourage. Mut führt uns immer wieder über unsere eigenen Grenzen und Beschränkungen hinaus. Mutig sein heißt, die alte Spur zu verlassen und sich für neue Erfahrungen zu öffnen. Mutig zu sein beinhaltet auch die Bereitschaft, eine Niederlage hinzunehmen. Denn nur wenn wir mutig an unserer eigenen Entwicklung und Vervollkommnung arbeiten, werden wir erfolgreich sein.

Angst vor Liebesentzug

Eine der Ängste, die uns allen am stärksten zu schaffen macht und das Herzchakra empfindlich verkleinert, ist die Angst vor Liebesentzug. Der Mensch ist auf ein soziales Netzwerk angewiesen, weil ohne das sein Überleben gefährdet ist. Nur durch die Liebe zu ihrem Kind ist eine Mutter in der Lage, die Strapazen und Entbehrungen, die eine Mutterschaft mit sich bringt, zu ertragen. Versagt die Mutter dem Kind die Liebe, sind Leib und Leben des Kindes existentiell gefährdet. Auch aus archaischer Sicht heraus wird deutlich, warum es für uns so wichtig ist, geliebt zu werden. Menschen haben schon immer in sozialen Gruppen gelebt. Sie gewährten Schutz und Sicherheit und garantierten das Überleben. Nur gemeinsam waren erfolgreiche Jagd, Fischfang usw. möglich. Nur durch Arbeitsteilung war das Überleben gesichert. Teil einer Gruppe konnte man gewöhnlich nur werden, wenn man in diese hineingeboren wurde. Lehnte die Mutter oder auch das soziale Umfeld das neue Mitglied ab, wurde das Kind ausgesetzt, was meistensens zum baldigen Ableben führte.

Liebe steht in unserem System also in direktem Zusammenhang mit dem Überleben. Wird uns Liebe entzogen, wird nicht nur die Angst vor Zurückweisung und Minderwertigkeit in uns aktiviert, sondern im tiefsten Inneren fürchten wir um unser Leben, auch wenn dem modernen Menschen diese Hintergründe kaum mehr bewusst sind.

Es gibt wohl keine Eltern, die nicht irgendwann innerhalb der Zeit, in der sie mit der Erziehung ihrer Kinder betraut sind, ihrem Kind mit Liebesentzug drohen. Dabei gibt es ganz offensichtliche, aber auch ganz subtile Formen, die sich fest in unser Unterbewusstsein einbrennen.

Eher subtil zeigt sich der Liebesentzug in Form emotionaler Erpressung. Bei Fehlverhalten des Kindes reagieren manche Eltern in der Form, dass beim Kind Schuldgefühle geweckt werden. Dann zum Beispiel, wenn das Kind etwas kaputtgemacht hat und die Eltern sagen: „Das ist unersetzlich, das kannst du nie wieder gut machen... Du hast zerstört, woran ich so gehangen habe... Das ist unbezahlbar..." Druck erzeugend ist auch die Aussage: „Das merke ich mir...", da das Kind in dem Moment der festen Überzeugung ist, die Liebe der Eltern durch sein fehlerhaftes, unverzeihliches Verhalten verloren zu haben. Auch Strafmaßnahmen wie Isolation in Form von strengem Zimmerarrest, Ausschluss von den Mahlzeiten, Entzug der Kommunikation oder Bloßstellung vor anderen wecken in uns die Urangst, aus der überlebenswichtigen sozialen Gruppe ausgeschlossen zu werden.

Die offensichtliche brutale Form richtet sich mittels Entzug von Zuwendung und Aufmerksamkeit gegen das Kind. Die Drohungen „Wenn du dieses oder jenes tust beziehungsweise nicht tust, dann habe ich dich nicht mehr lieb", oder auch: „Ich habe dich nur lieb, wenn du dich so verhältst, wie ich dich haben will", prägen unsere Selbstwahrnehmung und unser Verhalten nachhaltig. Wir lernen, nicht um unser selbst willen geliebt zu werden, sondern dafür, dass wir brav gehorchen und gefallen.

Unserer Angst vor Liebesentzug können wir nur durch Eigenliebe und Selbstvertrauen begegnen. Ganz frei von dieser Angst werden wir menschlichen Wesen wohl nie, aber die Eigenliebe hilft uns, sie so weit in Schach zu halten, dass wir nicht ständig auf Abgrenzung verzichten und unser Leben nur noch ganz nach denen ausrichten, die uns in Aussicht stellen, uns die so elementar benötigte Liebe zuteilwerden zu lassen.

Angst vor Zurückweisung

Auch unsere Angst vor Zurückweisung sitzt tief in unserem Herzen. Zurückweisung stellt die emotionale Form der Ablehnung dar, und es gibt wohl kaum einen Menschen, der frei davon ist. Die schlimmste Art der Zurückweisung ist, wenn wir für einen Menschen Liebe empfinden, dieser aber unsere Liebe nicht erwidert. Diese Erfahrung machen wir gegebenenfalls schon als Kind, wenn uns Mutter oder Vater nicht so viel Liebe und Aufmerksamkeit schenken, wie wir eigentlich benötigen. So speichern wir die Angst vor Zurückweisung schon früh in unserem emotionalen Aurafeld ab und ziehen uns als Erwachsene gemäß dem Gesetz der Resonanz in unseren Beziehungen immer wieder Menschen an, die uns zurückweisen.

Unser Verhalten wird durch diese Angst in zweierlei Hinsicht beeinflusst:

Entweder wir entwickeln einen Schutzpanzer, der uns unverletzlich macht. So können wir nicht mehr durch Zurückweisung verletzt werden, aber er macht uns unfähig, unseren Mitmenschen empathisch und mit offenem Herzen zu begegnen. Das führt dazu, dass wir uns viel zu rigide, barsch, trotzig oder gar unfreundlich abgrenzen. Unser Verhalten aber kreiert uns automatisch eine weitere Erfahrung der Zurückweisung. Oder wir unterlassen jegliche Form der Abgrenzung in der Hoffnung, uns so die Zurückweisung durch unsere Mitmenschen zu ersparen.

Die Angst vor Zurückweisung löst sich auf, wenn wir so präsent sind, dass wir erkennen können, wo wir diesem Thema in unserem Leben begegnen, wann wir Zurückweisung spüren oder in welcher Situation wir selbst angstvoll zurückweisen. Wenn unser Verständnis für die Zusammenhänge so weit gewachsen ist, dass wir uns nicht mehr für unfähig und unattraktiv halten, wenn Menschen unsere Liebe nicht erwidern, sondern darum wissen, dass wir aufgrund unserer eigenen Schwingung keine Resonanz mit dem von uns begehrten Partner erzeugen können, bleiben wir gelassen in unserer Mitte.

Prägungen des Herzchakras

Eltern neigen häufig bewusst oder auch unbewusst dazu, ihre Kinder emotional zu erpressen. Dieser emotionale Missbrauch findet meistens sehr subtil durch Suggestion statt, sodass das Kind ihn selbst nicht erkennen kann. Das Kind aber leidet sein ganzes Leben unter den Auswirkungen dieses Missbrauchs, denn die Erpressungen hinterlassen tiefe Spuren in seinem emotionalen Aurafeld. Hier ein paar gängige Beispiele:

„Wenn du das tust, dann geht es mir schlecht, und du bist Schuld... Wenn du nicht dein Zimmer aufräumst, rede ich nicht mehr mit dir... Du kriegst keinen Gutenachtkuss, wenn du nicht dein Brot aufisst... Wenn du jetzt zur Nachbarin gehst, bin ich ja ganz allein... Du willst doch nicht, dass Mama wegen dir wieder Migräne kriegt, also tu, was ich dir sage... Mach mich nicht unglücklich..."

So werden im Kind Ängste und Schuldgefühle erzeugt, und es lernt, dass es tun muss, was andere von ihm erwarten, damit es geliebt wird.

Dem Kind die eigenen Gefühle abzusprechen ist ebenfalls eine Form des emotionalen Missbrauchs. Sätze wie „Ein Indianer kennt keinen Schmerz... Stell dich nicht so an... Sei doch nicht so feige" führen dazu, dass es sich nicht mehr traut, seine Gefühle zu zeigen oder über sie zu sprechen.

Alle diese Prägungen, sofern sie uns nicht bewusst sind, verengen das Herzchakra, sodass weniger Energie in es hineinströmen kann. Unsere Liebesfähigkeit für uns und auch für andere wird dadurch erheblich eingeschränkt.

Organzuordnung / Krankheiten

Herz, Lunge, Brustkorb, Blutkreislauf, Lymphdrüsen, Hände, Thymusdrüse, Asthma, alle Herzkrankheiten.

Das Kehlkopfchakra

Das Kehlkopfchakra liegt in Höhe des Kehlkopfes. Seine Öffnung zeigt nach vorne (und hinten). Seine Farbe ist ein strahlendes Hellblau.

Das Kehlkopfchakra steht in Verbindung mit dem Sakralchakra und dem Stirnchakra. Bei gleichmäßig gut ausgeprägter Öffnung können wir in Verbindung aller drei Chakren hellwahrnehmen. Des Weiteren gibt das Kehlkopfchakra Auskunft bezüglich unserer Klarheit in der Kommunikation und unserer Abgrenzungsbereitschaft.

Ist das Kehlkopfchakra gut geöffnet, sind wir ehrlich und klar in unserem Ausdruck, haben eine hohe Selbstakzeptanz und fühlen uns meistens emotional ausgeglichen.

Störungen und Blockaden in diesem Chakra führen zu Angst vor Ablehnung (in Verbindung mit dem Sakralchakra) und mangelndem Selbstvertrauen (in Verbindung mit dem Solarplexus). Es herrscht Unklarheit über unsere eigenen Wünsche und Bedürfnisse. Wir neigen zu Kontrollzwang, Tratschsucht und Starrköpfigkeit.

Wenn das Kehlkopfchakra zu klein ist, also zu wenig Energie hineinfließt, macht sich das durch mangelnde Klarheit in unserem Ausdruck bemerkbar. Ist es zu groß, neigen wir zu Redseligkeit.

Auch dem Kehlkopfchakra können Themen zugeordnet werden, die seinen Zustand beeinflussen.

Ehrlichkeit

„Ehrlichkeit ist das erste Kapitel im Buch der Weisheit."

(Thomas Jefferson)

Ehrlichkeit ist für uns von größter Wichtigkeit. Sie bildet die Grundlage klarer Kommunikation.

Die wenigsten Menschen lügen ihren Mitmenschen dreist und frech ins Gesicht. Lügen bringen Probleme mit sich, denn „Ein Lügner muss ein gutes Gedächtnis haben" (Zitat von Pierre Corneille). Lüge ich bewusst, muss ich mir gut merken, welche Lüge ich gebraucht habe. Sonst erzähle ich bei nächster Gelegenheit vielleicht eine ganz andere Version der Geschichte, und dann stellt mein Gegenüber schnell fest, dass etwas „faul" ist an dem, was ich erzähle. Ich muss auch damit rechnen, dass Leute, die ich kenne, sich über mich unterhalten und so meine Lügen schnell ans Licht kommen. Es bleibt bei den Belogenen ein schlechtes Gefühl, die Vertrauensbeziehung wird empfindlich gestört. „Wer einmal lügt, dem glaubt man nicht, auch wenn er dann die Wahrheit spricht." In erster Linie schade ich mir also selbst durch meine Lügen, da ich an Glaubwürdigkeit verliere. Die Konsequenzen, die sich aus der Wahrheit ergeben, können kaum so weitreichend sein wie die Auswirkungen meiner Unehrlichkeit.

Außerdem zieht die Energie der Lügen nach dem Gesetz der Resonanz Menschen mit derselben Energie an, sodass ich damit rechnen muss, bei nächster Gelegenheit der Belogene zu sein. Hier wirkt zudem das Gesetz von Ursache und Wirkung: Meine Lüge ist Ursache für die Wirkung, die durch sie erzielt wird. Unehrlichkeit präsentiert sich also meistens nicht offensichtlich, sondern oft eher subtil. Nachstehend einige Beispiele:

Einen Teil einer komplexen, unangenehmen Geschichte zu verschweigen ist unehrlich, da sich das Gesamtbild dadurch stark verzerrt. Solche Halbwahrheiten werden gerne präsentiert, um selbst als unschuldig dazustehen.

Kausalitäten, also Ursachen und Wirkungen miteinander in Verbindung zu bringen, die eigentlich nichts miteinander zu tun haben, ist ebenfalls eine Form von Unwahrheit. Die am häufigsten gebrauchte Ausrede dieser Art heißt: „Ich hatte keine Zeit"; was eigentlich heißt: „Ich wollte nicht." Zeit hat man nicht, Zeit nimmt man sich. Das ist eine Tatsache. Ist mir etwas wichtig, werde ich dieser Angelegenheit so viel Zeit und Aufmerksamkeit widmen, dass ich sie verfolgen und erledigen kann. Bin ich desinteressiert oder gar abgeneigt, kümmere ich mich nur halbherzig oder gar nicht darum. Hinterher zu behaupten, ich hätte keine Zeit gefunden, ist in den meisten Fällen eine schlichte Unwahrheit, um nicht klar Stellung beziehen zu müssen.

Noch subtiler stellt sich Selbstbetrug als Form der Lüge dar. Gerne machen sich Menschen selbst etwas vor. „Ich bin machtlos, ich habe ja doch keinen Einfluss, die Zeit ist noch nicht reif, das kann ich nicht, das weiß ich nicht", sind die gängigen Glaubenssätze, die Menschen sich selbst immer wieder vorbeten, nur um sich nicht eingestehen zu müssen, dass sie sich nicht trauen, etwas in ihrem Leben zu verändern. Der Verstand ist dabei ein exzellenter Diener, denn er versteht es, so lange logische Begründungen zu (er-)finden, bis ich mir selbst vormachen kann, dass meine Glaubenssätze tatsächlich wahr sind.

Klarheit

„Die Freiheit des Menschen liegt nicht darin, dass er tun kann, was er will, sondern dass er nicht tun muss, was er nicht will."

(Jean-Jacques Rousseau)

Was bedeutet Klarheit im Ausdruck? Klarheit bedeutet, mich so zu artikulieren, dass meine Umwelt weiß, was ich will oder wünsche und dabei die Möglichkeit hat, in angemessener Weise darauf zu reagieren. Einige Regeln sollten in diesem Zusammenhang beachtet werden:

Um effektiv kommunizieren zu können, bedarf es einer Grundlage: Das Wissen und die Bewusstheit dessen, was mir wichtig ist, was ich erreichen oder was ich keinesfalls tun möchte.

Dazu einige Tipps:

- *Lassen Sie Gefühl und Verstand ineinanderfließen. Rein emotional geprägte Kommunikation ist für rational veranlagte Menschen schwer annehmbar und entbehrt zudem der Kontrolle über das Mentale. Rein intellektuell geführte Kommunikation blendet das Gefühl aus und ist somit nur bedingt wahr. Auch umgekehrt gilt natürlich, dass für eher gefühlsmäßig orientierte Menschen die Kommunikation mit einem rein kopfgesteuerten Gegenüber schwierig ist.*
- *Stellen Sie sachlich und eindeutig heraus, was Ihnen wichtig ist, aber bleiben Sie kompromissbereit.*
- *Beachten Sie die goldene Regel, so zu kommunizieren, dass es für Ihr Gegenüber annehmbar bleibt und Sie es nicht durch Ihre Aussagen verletzen oder demütigen.*

- *Grenzen Sie sich eindeutig gegen unangemessene Forderungen oder Erwartungen Ihrer Mitmenschen ab.*
- *Rechtfertigen Sie sich nicht, wo es nicht nötig ist. Auch wenn es erst ungewohnt ist, ist es doch hilfreich klar „ja" oder „nein" zu sagen, ohne automatisch eine Begründung für eine Entscheidung nachzuschieben. Wir sind nicht verpflichtet, jedem Rechenschaft darüber abzugeben, warum wir nicht zu einem Geburtstag erscheinen oder am Dienstag keine Zeit haben. Die Umwelt reagiert häufig erst einmal irritiert auf unser geändertes Verhalten, weil wir alle gewohnt sind, uns zu rechtfertigen oder Begründungen von anderen zu erhalten. Viele Konflikte werden aber genau durch diese Rechtfertigungen erzeugt und zwingen uns nicht selten in die Unehrlichkeit, nämlich dann, wenn wir befürchten, dass unser Gegenüber unsere eigentliche Begründung nicht akzeptieren würde.*
- *Bleiben Sie sich selbst treu. Verleugnen Sie nicht Ihre Wünsche und Bedürfnisse. Aber erweisen Sie Ihrem Gegenüber bitte stets den nötigen Respekt.*

Abgrenzung

„Unsere Furcht davor, zu weit zu gehen, hindert uns meistens daran, weit genug zu gehen."

(John Harricharan, Autor)

Fähig, sich freundlich aber deutlich abzugrenzen, ist nur der, der sich selbst liebt. Denn Abgrenzung beinhaltet das Risiko, selbst von seinen Mitmenschen ausgegrenzt zu werden. Oft wird unsere Unfähigkeit zur Abgrenzung von unseren Kindheitsprägungen bestimmt. Wird von uns in der Kindheit beding-ungsloser Gehorsam erwartet und dieser womöglich mittels Sanktionen erzwungen, trauen wir uns aus Angst vor Strafe nicht mehr, uns abzugrenzen. Abgrenzung ist aber von größter Wichtigkeit, um Freiraum und Zeit für unsere eigenen Wünsche und Bedürfnisse und unsere notwendige Innenschau zu schaf-fen. Die Fähigkeit, sich frühzeitig abzugrenzen, vermeidet auch viele Konflikte und faule Kompromisse.

Um sich erfolgreich abgrenzen zu können, also trotz dieser eindeutigen Abgrenzung möglichst wenig Reibung mit seinen Mitmenschen zu erzeugen, sollte als goldene Regel beachtet werden, dass man jedem das, was man zu sagen hat, so ver-mittelt, dass man es selbst annehmen könnte, wenn es einem gesagt würde. So kann man sicher sein, die Gefühle seines Ge-genübers ausreichend zu respektieren, sie also möglichst nicht zu verletzen.

Wie Abgrenzung möglich ist, möchte ich an einem Bild ver-deutlichen:

Stellen Sie sich vor, Sie hätten ein freistehendes Haus mit einem großen Grundstück. Ihre Fähigkeit, sich abzugrenzen, stellt der Zaun dar, der Ihr Grundstück umgibt. Es klingelt. Nun haben Sie die Möglichkeit, das Klingeln zu ignorieren, wenn Sie nicht gestört werden möchten, oder aber Sie schauen aus dem Haus, um zu sehen, wer um Einlass bittet. Falls Sie denjenigen, der an Ihrem Zaun steht, nicht kennen, können Sie schon jetzt entschei-den, ob Sie ihm Einlass gewähren möchten oder nicht. Freuen Sie sich aber über Ihren Besucher, bitten Sie ihn freudig herein. Ent-scheiden Sie, ob Sie ihm etwas anbieten möchten. Andernfalls können Sie sich höflich, aber unmissverständlich verweigern.

Nun stellen Sie sich bitte vor, Sie haben keine Haustür und auch keinen Zaun um Ihr Grundstück. Tür und Tor stehen offen.

Besucher kommen, gehen durch Ihren Garten, kommen ungefragt ins Haus, setzen sich ins Wohnzimmer auf Ihr Sofa und erwarten, von Ihnen bedient zu werden. Haben Sie jetzt noch die freie Wahl, ob Sie Besuch empfangen möchten oder nicht? Falls Ihnen der Besuch ungelegen kommt und Sie sich nicht abgrenzen können, werden Sie innerlich autoaggressiv mit den Zähnen knirschen, aber brav Kaffee kochen und Kuchen servieren. Stört Sie der Besuch auf Ihrem Sofa, müssen Sie sich nun sehr klarer, unmissverständlicher Worte bedienen, um die ungebetenen Gäste wieder aus Ihrem Haus zu vertreiben. Die Wahrscheinlichkeit, dass nun ein größerer Konflikt oder gar Streit entsteht, ist hoch.

An diesem Beispiel ist leicht zu erkennen, wie wichtig es ist, dass wir uns rechtzeitig abgrenzen, wollen wir Herr über unsere Kraft und Zeit bleiben. Andernfalls finden sich genug Menschen, die es sich bei uns bequem machen und sich auf unsere Kosten bedienen lassen.

Selbstvertrauen

Selbstvertrauen hilft mir, die alltäglichen Anforderungen, denen ich mich stellen muss, besser zu bewältigen. Habe ich Vertrauen in mich, dann traue ich mir zu, fähig und in der Lage zu sein, mich jederzeit angemessen zu verhalten. Diese Annahme begünstigt den positiven Ausgang der Situation, gemäß dem Gesetz der Resonanz und dem Gesetz von Ursache und Wirkung (siehe: Geistige Gesetze). Denn ich ziehe das an, was in Resonanz mit meinem mentalen und emotionalen Aurafeld geht. Strahle ich Selbstvertrauen und Optimismus aus, wird diese Energie sowohl von der Materie als auch von meinem Gegenüber aufgenommen und gespiegelt. Dass unsere Gedanken Einfluss auf Materie nehmen, ist mittels der Quantenphysik längst belegt. Hierzu gibt es viele sehr interessante Bücher, die für den Laien aber leider meistens schwer verständlich sind.

Ein gut entwickeltes Selbstvertrauen hilft mir, eine Bedrohung zu einer Herausforderung, Angst zu Mut und Zuversicht sowie Ohnmacht zu Kraft und Wille zu transformieren.

Habe ich aufgrund meiner Vorerfahrungen jedoch kein Vertrauen in meine Talente und Fähigkeiten, dann strahle ich Selbstzweifel und Pessimismus aus. Diese negativen Energien ziehen wiederum Kritiker an, die mir meine Überzeugung spiegeln, oder sie beeinflussen Materie in der Form, dass sie sich gegen mich wendet.

Zudem steht mein Gehirn, wie die Hirnforschung gezeigt hat, durch diese innere Haltung ständig unter Stress, der sich langfristig negativ auf meine körpereigenen Abwehrkräfte und meine Libido auswirkt.

Selbstvertrauen ist somit enorm wichtig, um eine gewisse Stabilität in unserem Leben zu erzielen und trotzdem allen Herausforderungen flexibel zu begegnen.

Angst vor Ablehnung

„Beliebt zu sein ist ganz einfach, man muss nur sagen, was die anderen hören wollen."

Im Gegensatz zur Angst vor Zurückweisung hat Angst vor Ablehnung mehr damit zu tun, dass wir fürchten, etwas Falsches zu sagen oder uns gar lächerlich zu machen. Natürlich ist auch diese Angst in mangelnder Eigenliebe und dem daraus resultierenden mangelnden Selbstvertrauen begründet und nimmt so Einfluss auf den Zustand unseres Kehlkopfchakras.

Angenommen, ein Mann besucht regelmäßig eine Yoga-Stunde, weil er das Gefühl hat, dass ihm Yoga guttut. Was für Frauen gesellschaftlich längst akzeptiert ist, stößt unter Männern teilweise immer noch auf Ablehnung. Ist dieser Mann nun unter Freunden, traut er sich vielleicht nicht, über seine Erfahrungen mit Yoga zu sprechen, aus Angst davor, dass die anderen Männer ihn für verweichlicht oder weibisch halten könnten. Die negative Annahme, dass die Freunde so reagieren werden, nimmt dieser Mann wegen seines mangelnden Selbstbewusstseins gleich vorweg.

Zum einen bringt der Mann sich durch dieses Verhalten um die Erfahrung, zu dem, was er tut, zu stehen, was wiederum sein Selbstbewusstsein stärken könnte. Es besteht auch nicht die Möglichkeit der Feststellung, dass andere Männer auch Erfahrungen mit Yoga oder anderen spirituellen Wegen machen, da ja die Kommunikation darüber ausbleibt.

Nicht über etwas zu sprechen, was einen bewegt oder interessiert, verhindert auch, dass man Impulsgeber für andere sein kann. Vielleicht wäre ja, um bei diesem Beispiel zu bleiben, einer der Freunde sogar an Yoga interessiert und froh, damit in Kontakt zu kommen.

Reden wir aus Angst vor Ablehnung nicht über das, was uns guttut oder belastet, sind wir nicht authentisch. Wir müssen deshalb lernen, zu dem zu stehen, was wir tun. Ungeachtet der Bewertung und Beurteilung durch andere.

Öffnen wir uns, sprechen also über das, was uns bewegt, und erfahren die Ablehnung durch unsere Umwelt, liegt es an uns, wie wir damit umgehen. Unser Verhalten in dieser Situation wird meistens von unseren Prägungen bestimmt. Mussten wir schon als Kinder immer den Mund halten, wenn Erwachsene sich unterhielten, oder wurden häufig gehänselt und ausgelacht für das, was wir zu sagen hatten, trauen wir uns nun nicht mehr, uns zu äußern. Die erlittene Ablehnung nährt unser bereits ausgeprägtes Minderwertigkeitsgefühl und führt dazu, dass wir uns noch weiter zurückziehen. Die Ablehnung wird als schmerzhaft und demütigend empfunden.

Aber wir haben die Wahl: Wir können auch der Ablehnung begegnen, indem wir zu dem stehen, was wir tun und sagen. Es bedarf dazu keiner Aggression. Wir können feststellen, dass das, was wir zu sagen haben, für uns wahr und passend ist, während wir unserem Gegenüber aber durchaus die Freiheit lassen, eine andere Meinung zu vertreten. Verfügen wir über eine gute Portion Eigenliebe, wird uns die mögliche Häme oder der Spott unserer Mitmenschen nicht treffen können, und wir werden es sogar ertragen, wenn sie sich von uns abwenden.

Schuldgefühle

Viele Menschen leiden unter Schuldgefühlen. Schuldgefühle manipulieren unser Verhalten, da sie unsere Wahrnehmung der Wirklichkeit verzerren Es gibt verschiedene Ursachen, die zu ihrer Entwicklung beitragen.

Als erste Ursache für Schuldgefühle ist mangelndes Urvertrauen zu nennen. Es bewirkt, dass wir glauben, alles planen, überwachen und kontrollieren zu müssen. Entwickeln sich die Dinge entgegen unseren Vorstellungen, was häufig der Fall ist, haben wir mit Schuldgefühlen zu kämpfen; in der Annahme, wir hätten einen Fehler gemacht, der zu diesem unerwünschten Ausgang geführt hat. Wir grübeln darüber, was wir falsch gemacht haben und wer durch uns Schaden hat erleiden müssen.

Aber auch darüber, welche Schuld die anderen an unserer Situation tragen. Als Folge dieser Grübelei werden wir bei nächster Gelegenheit versuchen, uns noch besser abzusichern, alle Risiken auszuschalten und unsere Kontrolle zu verstärken. Wir schneiden uns vom Strom des Lebens ab, werden starr und unflexibel. Aber auch das schützt uns nicht vor Enttäuschungen, denn: „Das Leben lebt sich" (Zitat Doris Zölls/Zen-Meisterin), und unsere Erfahrungen sind verzahnt mit den Erfahrungen anderer Menschen.

Die zweite grundlegende Ursache für Schuldgefühle sind Kindheitsprägungen, die bewirken, dass wir uns minderwertig fühlen. Bleiben uns Liebe, Wertschätzung und Anerkennung in den ersten Lebensjahren verwehrt, entwickeln wir das Gefühl, wertlos zu sein. Werden wir für unser Verhalten von unseren Eltern und Erziehern bestraft, sind wir bald davon überzeugt, alles falsch zu machen, grundsätzlich schuldig zu sein und Sanktionen verdient zu haben. Diese Überzeugung speichert sich in unserem emotionalen und mentalen Aurafeld ab und zieht nach dem Gesetz der Resonanz Menschen und Situationen an, die uns unsere Schuld spiegeln und dadurch bestätigen.

Schuldgefühle beeinflussen unser Verhalten in zweierlei Hinsicht:

Entweder wir versuchen, in jeder nur erdenklichen Situation die Schuld möglichst auf andere abzuschieben. Wir selbst bleiben schuldlos und können die uns unangenehmen Schuldgefühle verdrängen. Gerne bemühen wir dazu unseren Verstand, der die ganze Situation so lange analysiert, bis wir als unschuldiges Opfer dastehen. Mit dieser Strategie entgehen uns entscheidende Lernerfahrungen: Ein Opfer kann das Verhalten seiner Umwelt nicht ändern. Ein Mensch, der Verantwortung für sein Tun übernimmt, hat aber durchaus die Möglichkeit, sich und sein Verhalten zu ändern und so in Zukunft gleichartige Fehler zu vermeiden.

Oder aber wir richten unseren Verstand und die aufkommenden Gefühle autoaggressiv gegen uns selbst. Wir suchen und finden Erklärungen, warum wir auch dieses Mal wieder die Schuld tragen.

Die Frage „Wer ist schuld?" ist grundsätzlich kontraproduktiv. Denn weise ich mir selbst die Schuld zu, bin ich autoaggressiv, richte also meine negativen Energien gegen mich.

Suche ich aber den Schuldigen im Außen, bin ich aggressiv. Ein Drittel meiner aggressiven Kräfte richtet sich gegen den Schuldigen und wird von ihm zu gegebener Zeit an mich zurückgegeben. Ein Drittel der Energie verbleibt im emotionalen Aurafeld und zieht nach dem Gesetz der Resonanz Menschen mit Aggressionen an. Und ein übriges Drittel der Energie richtet sich auch hier wieder autoaggressiv gegen mein eigenes System, sowohl auf der energetischen als auch auf der körperlichen Ebene.

Die einzig vernünftige Frage ist: Was hat das mit mir zu tun? Was kann ich daraus lernen? Kommt mir die ganze Sache bekannt vor? Handelt es sich hier um eine Wiederholung einer Situation, deren Form nur äußerlich neu scheint, deren Inhalt aber tatsächlich schon sehr häufig Thema in meinem Leben war?

Stelle ich diese Fragen, bin ich bereit, mich in der Welt zu erfahren und meine Fehler und die sich daraus ergebenden Konsequenzen klar zu erkennen, ohne mich dabei durch übersteigerte Kritik zu verletzen und meine Eigenliebe und Selbstwertschätzung zu untergraben.

Prägungen des Kehlkopfchakras

Hat man es uns als Kind nicht ermöglicht, uns rational oder emotional zu artikulieren, da unsere Eltern uns zum Verstummen gebracht haben mit den Worten: „Kinder halten den Mund, wenn Erwachsene reden" oder „Sei still, du redest doch nur Unfug" oder „Dich hat keiner gefragt", wirkt diese Prägung noch bis ins Erwachsenenalter auf das Kehlkopfchakra ein. Auch Schuldgefühle nehmen Einfluss auf den Zustand unseres Kehlkopfchakras (siehe: Schuldgefühle / Prägungen des Herzchakras).

Organzuordnung / Krankheiten

Alle Erkrankungen in Verbindung mit Atmung und im Kopfbereich werden dem Kehlkopfchakra zugeordnet.

Das Stirnchakra / Drittes Auge

Das Stirnchakra liegt zwischen den Augenbrauen. Seine Öffnung zeigt nach vorne (und hinten). Seine Farbe ist ein kräftiges Violett.

Das Stirnchakra steht in Verbindung mit dem Kehlkopfchakra und dem Sakralchakra. Bei gleichmäßig gut ausgeprägter Öffnung aller drei Chakren haben wir die Fähigkeit zur Hellwahrnehmung. Das Stirnchakra steht zudem für Intuition und Kreativität.

Ist das Stirnchakra gut geöffnet, haben wir in Zusammenhang mit dem Solarplexus und dem Sakralchakra einen guten Zugang zu unseren eigenen Potenzialen. Wir folgen unserer Intuition und sind kreativ.

Ist das Chakra verengt, fließt wenig Energie hinein, wodurch unsere Wahrnehmungsfähigkeit eingeschränkt ist. Aberglaube und Angst vor Veränderungen (hinsichtlich geistiger Bereiche) bestimmen unser Denken. Wir neigen zu Verurteilungen, Härte und Kleingeistigkeit.

Ist es zu groß, neigen wir zu starken Überinterpretationen bis hin zu Wahnvorstellungen.

Aufgrund der Größe des Dritten Auges lassen sich Aussagen über das Maß spiritueller Erfahrung machen, die ein Mensch im Laufe seiner Inkarnationen bereits gemacht hat. Guter Zugang zur Intuition und Hellwahrnehmungen aller Art lassen das Chakra aufgehen.

Im Gegensatz zu allen anderen Chakren verkleinert sich dieses Chakra nicht mehr durch aktuelle Prozesse unseres Lebens, zum Beispiel Krisen oder Traumen. Der zuletzt erreichte Öffnungsgrad des Dritten Auges in der letzten Inkarnation wird im kausalen Aurafeld abgespeichert und somit in die nächste Inkarnation mitgenommen.

Prägungen des Stirnchakras

Prägungen in diesem Chakra sind meistens karmischer Art (zum Beispiel Inquisition).

Organzuordnung / Krankheiten

Hypophyse / Krankheiten, die im Zusammenhang mit dem Kopf stehen, werden auch dem Stirnchakra zugeordnet.

Das Kronenchakra

Das Kronenchakra liegt auf dem Scheitel. Seine Öffnung zeigt nach oben. Seine Farbe ist Weiß, bei Meditation auch Violett.

Das Kronenchakra steht sowohl für den Kontakt zur göttlichen, als auch zur inneren Führung. Ein gut geöffnetes Kronenchakra ermöglicht uns den Kontakt zum Höheren Selbst und zur Führung durch die Geistige Welt.

Die Transformation unseres Bewusstseins wird durch ein gut geöffnetes Kronenchakra erleichtert.

Ist das Kronenchakra wenig geöffnet, haben wir kaum Bezug zum Göttlichen und zur inneren Führung. Wir fühlen uns getrennt und können nicht glauben, dass wir Teil eines größeren Ganzen sind.

Prägungen des Kronenchakras

Religiöse Erziehung und religiöse Einstellungen wirken auf den Zustand des Kronenchakras. Der Fluss kosmischer Energie wird durch religiöse Einstellungen gemindert, was wiederum das Chakra verkleinert.

Organzuordnung / Krankheiten

Epiphyse / Erkrankungen in Verbindung mit dem Kopfbereich werden dem Kronenchakra zugeordnet.

Sonstiges

Viele Themen können nicht eindeutig einem bestimmten Chakra zugeordnet werden. Ich möchte trotzdem auf einige wichtige Punkte näher eingehen, die uns helfen zu verstehen, in welchem Zusammenhang die Dinge stehen und wie wir selbst Einfluss auf unser Leben nehmen können. Die folgenden Themen gehen jeden von uns an, da wir alle Teil der kosmischen Ordnung sind und grundsätzlich bestimmte Erfahrungsfelder in unserem Leben zu bearbeiten haben.

Elementale

Nur wenige Menschen wissen von der Existenz und dem Einfluss der Elementale (Markides: *„Daskalos, der Magus von Strovolos"*). Elementale sind energetisch geladene Felder, die von wiederkehrenden Gedanken und Glaubenssätzen oder häufig erzeugten gleichartigen Gefühlen gespeist werden. Wird diesen Feldern langfristig Energie in Form von Aufmerksamkeit zugeführt, beginnen sie eine Art Eigenleben und trachten danach, sich selbst zu erfüllen. Unser gesamtes Leben wird bestimmt von diesen Elementalen, denn sie ernähren sich energetisch von dem, was wir denken und fühlen. Rupert Sheldrake, britischer Autor und Biologe, bezeichnet sie als „Morphogenetische Felder", deren Existenz er in seinem Buch *„Das Gedächtnis der Natur: Das Geheimnis der Entstehung der Formen"* auf wissenschaftliche Art nachweist. Für ihn sind diese Felder „Gewohnheiten", die sich umso schneller verwirklichen, je öfter sie sich bereits realisiert haben.

Elementale erklären auch die Wirkung von Gebeten, Mantren oder Affirmationen. Durch das ständige Wiederholen bestimmter Wünsche oder Hoffnungen erzeugen wir ein – in diesem Fall – positiv geladenes Feld. Natürlich unterliegt auch dieses der Selbsterfüllung. Durch die Resonanzverstärkung unserer eigenen Schwingung durch das Elemental ziehen wir Menschen und Energien an, die uns in unserem Wollen und Wünschen unterstützen.

Leider neigen wir dazu, eher die negativen Elementale zu nähren. Gleichartige Elementale verbinden sich miteinander zu komplexeren Gebilden. Diese wiederum heften sich gerne an Menschen, deren Aura Löcher aufweist, um sich von deren Energie zu nähren. Dazu muss die betroffene Person dieselbe Frequenz aussenden, die auch das Elemental erschaffen hat. Die „Besetzung" kann beim Betroffenen zu deutlich spürbaren körperlichen und psychischen Beschwerden führen, die beeindruckend schnell nachlassen, wenn die Elementale entfernt werden (siehe: Kontakte / Anhang).

Auch Folter, Willkür, Sadismus usw. sind nur dadurch möglich, dass ein einzelner Mensch, der ein bestimmtes aggressives Potenzial in sich trägt, in Resonanz geht mit den Elementalen, die durch die negativen oder destruktiven Gedanken und Gefühle einer Vielzahl von Menschen erschaffen wurden. Diese verstärken dann die Aggression der besetzten Person so stark, dass diese nun in der Lage ist, ein Verhalten an den Tag zu legen, dass sie aus sich selbst heraus nicht hätte erzeugen können.

Bei einer großen Demonstration zum Beispiel hängt es davon ab, welche Grundschwingung die Teilnehmer haben, ob die Veranstaltung friedlich abläuft oder eskaliert. Besteht zu viel Resonanz zu niederschwingenden Elementalen, lässt sich leicht eine ganze Menschenmenge infizieren, sodass die Situation sehr leicht außer Kontrolle geraten kann. Natürlich gibt es auch karmische Elementale, die nicht nur der Einzelne mit sich trägt, sondern die ganze Völker beeinflussen. Elementale holen ihre Erzeuger immer wieder ein und manipulieren durch ihre Ladung Begegnungen und Situationen.

So gesehen kann sich niemand davon freisprechen, für die Zustände in der Welt mitverantwortlich zu sein. Ältere Seelen haben in vergangenen Inkarnationen bereits entsprechende negativ geladene Elementale energetisch erzeugt und genährt, und alle Menschen zusammen laden in jedem Augenblick diese Felder. Jeder von uns gedachte negative, niederschwingende, destruktive, aggressive beziehungsweise autoaggressive Gedanke oder ein entsprechendes Gefühl, versorgt und erhält die Elementale, die immer danach streben, sich selbst zu erfüllen.

Elementale können nur aufgelöst werden, indem man ihnen die Beachtung entzieht. Sie müssen als solche erkannt und durch Nichtbeachtung „ausgehungert" werden. Jeder Gedanke, der der Ladung des Elementals entspricht, die es erzeugt hat, nährt und vergrößert das Elemental und verleiht ihm noch mehr Kraft. Das gleiche gilt natürlich auch für unsere negativen oder destruktiven Gefühle; auch sie nähren unsere Elementale.

Es ist also äußerst wichtig, „Gedankenhygiene" (siehe: Gedankenhygiene) zu betreiben, um den Elementalen ihren Einfluss auf unser Leben nicht länger zu ermöglichen. Nehmen Sie sich immer wieder Zeit und Ruhe, Ihr Denken, Fühlen und Handeln zu reflektieren, zu hinterfragen und einer maßvollen Selbstkritik zu unterziehen. Nur so ist es möglich, selbst geschaffene Elementale als solche zu erkennen und ihnen ihre manipulative Kraft zu entziehen.

Stellen Sie nun fest, dass Sie gerade entsprechend der Schwingung Ihrer Elementale denken oder fühlen, dann versuchen Sie sofort, sich bewusst von Ihren Gedanken zu distanzieren. Dabei ist es wichtig, die negativen Gedanken nicht zu verdrängen, weil auch die Verdrängungsenergie die Energiefelder indirekt nährt.

Machen Sie sich klar, dass es sich um ein Elemental handelt, und lenken Sie sich im selben Moment ganz gezielt ab. Rezitieren Sie ein Gedicht, singen Sie in Gedanken ein Lied oder konzentrieren Sie sich einfach auf Ihren Körper und seine Bewegungen. Ein Freund von mir stellt sich immer eine Toilettenspülung vor, die den Gedanken oder das Gefühl einfach wegspült. Hauptsache, Sie energetisieren das Elemental nicht länger. Über kurz oder lang wird es dann immer schwächer, zeigt sich seltener und löst sich schließlich auf.

Eltern

Auch wenn es uns so scheinen mag, sind wir doch nicht zufällig bei unseren Eltern inkarniert, sondern mit voller Absicht. Mittels unseres Seelenplans (siehe: Seelenplan) wählen wir für unser nächstes Erdenleben das Zeitalter, den Ort und auch unsere zukünftigen Eltern selbst aus. Dazu muss sich natürlich die Gelegenheit bieten, zu inkarnieren, das heißt, eine biologische Schwangerschaft muss eingeleitet sein. Auf der Astralebene schätzen wir nun ab, ob uns unsere potenziellen Eltern die Lernerfahrungen ermöglichen können, die wir geplant haben. Vielleicht bietet sich auch die Gelegenheit der Aufarbeitung eines Ungleichgewichts aus einer früheren Inkarnation (siehe: Karmische Verabredungen). Oft ist es so, dass Kinder eine karmische Verabredung mit einem der beiden Elternteile haben. Der andere Elternteil ist in diesem Fall entweder Erfüllungsgehilfe oder Seelengefährte.

Der Erfüllungsgehilfe übernimmt lediglich die rein biologische Verantwortung dafür, dass es zu einer Schwangerschaft kommt, zum Beispiel indem sich die Frau auf seelischer Ebene bereiterklärt, eine Schwangerschaft auf sich zu nehmen. Oder der Mann ist bereit zu zeugen, damit ein Kind inkarnieren kann, das eine karmische Verabredung mit dem anderen Elternteil hat. Erfüllungsgehilfen bleiben ihrem Nachwuchs gegenüber in aller Regel eher distanziert, sodass aus Sicht der Kinder nicht selten ein Elternteil eine wichtigere Rolle einnimmt, hingegen der andere vielleicht die materielle, existentielle Versorgung übernimmt, emotional aber weniger stark involviert ist.

Bei einer Seelengefährtschaft besteht eine tiefere, emotionale Verbindung zwischen einem Elternteil und dem Kind, da der Seelengefährte ebenfalls eine karmische Verabredung mit dem anderen Elternteil einlösen möchte. Angenommen, die Mutter fungiert als Seelengefährte, dann stellt sie nicht nur ihren Körper für die Schwangerschaft und die Versorgung des Kindes zur Verfügung, sondern ist eine Art Verbündete, da Mutter und Kind ein gemeinsames Thema, nämlich die Auseinandersetzung mit dem Vater beziehungsweise Partner, verbindet.

Nicht immer gibt es karmische Verabredungen mit den Eltern. Möglicherweise ist auch mit den Großeltern eine Verabredung einzuhalten, was manchmal dazu führt, dass Kinder mehr Zeit bei Oma und/oder Opa verbringen als bei ihren Eltern, damit diese Verabredung gelebt und erfahren werden kann.

Manche Seelenteile inkarnieren auch ohne jeden karmischen Hintergrund, nur in der Absicht, sich in einem speziellen Zeitalter noch einmal zu erleben, oder weil vielleicht beim letzten Inkarnationsversuch der Körper, den sie beseelen wollten, von der Mutter abgetrieben wurde.

Zum Thema Abtreibung hat sicher jeder seine eigene Meinung, geprägt von seinen eigenen Erfahrungen, Moralvorstellungen und seiner religiösen Erziehung. Frauen, die abgetrieben haben, werden häufig jahrelang von großen Schuldgefühlen geplagt, auch wenn sie sich zum Zeitpunkt der Schwangerschaft die Entscheidung, das Kind abzutreiben, keinesfalls leicht gemacht haben. Deswegen möchte ich kurz darauf eingehen, wie sich eine Abtreibung auf seelischer Ebene darstellt.

Grundsätzlich stellt unser physischer Körper das Gefäß dar, in dem die Seele ihr irdisches Dasein sinnlich wahrnehmen und erfahren will. Kann und will eine Mutter aus ureigenen Gründen heraus ein Kind nicht austragen, besteht auf seelischer Ebene die Möglichkeit, mit dem inkarnierungswilligen Seelenteil zu verhandeln. Findet eine derartige Kommunikation zwischen der Mutter und dem potenziellen Kind statt, kann die Seele des Kindes entscheiden, in einem anderen Körper zu inkarnieren oder sich zu gedulden, bis die Umstände der Mutter so günstig sind, dass für sie eine Schwangerschaft möglich ist.

Schwierig wird es, wenn diese Kommunikation ausbleibt und dem inkarnierungswilligen Seelenteil der Körper, in dem er inkarnieren wollte, völlig unvorbereitet weggenommen wird. Den Unmut, den der Seelenteil dabei empfindet, nimmt er mit in sein nächstes Leben. Dort kann sich dieser in verschiedenen Formen zeigen. Zum Beispiel als mangelndes Urvertrauen, großer Angst vor dem Tod oder zorniges, aggressives Verhalten den Eltern und der Umwelt gegenüber.

✩ ✩ ✩

Elternschaft

„Zwei Dinge sollen Kinder von ihren Eltern bekommen: Wurzeln und Flügel."

(Johann Wolfgang von Goethe)

Eltern zu sein bietet eine Vielzahl an Erfahrungsmöglichkeiten. Von Schwangerschaft, Stillzeit und Schlaflosigkeit auf der körperlichen, bis hin zu Liebe, Freude, Sorge, Verantwortung und Verlustangst auf der psychischen Seite. Unsere Kinder sorgen dafür, dass wir mit Menschen, Situationen und Themen in Berührung kommen, denen wir uns ohne sie nicht zugewandt hätten.

Leider verstehen viele Eltern Ihre Rolle falsch und meinen, es sei ihr Kind. Dabei ist es ein verkörperter Teil einer Seele, der gewählt hat, genau bei diesen Eltern zu inkarnieren, um seine karmischen Verabredungen einzulösen und seinen Seelenplan in die Tat umzusetzen (siehe: Seelenplan).

Aus dieser Perspektive heraus ist es klar, dass das Kind – genauso wie wir alle –auf die Erde gekommen ist, um sich an der Dualität zu erfreuen und Erfahrungen zu machen – gute und weniger gute. Eltern müssen also ihrem Kind einen Erfahrungsspielraum lassen, der es ihm innerhalb eines geschützten, dem Alter angemessenen Rahmens erlaubt, sich und seine Umwelt zu erleben. Wenn die Erziehenden versuchen, es vor allen unangenehmen Erfahrungen und den sich daraus ergebenden Konsequenzen zu schützen, tun sie dem Kind keinen Gefallen. Die eigenen Erfahrungen bilden die beste Grundlage, um zu lernen, zu erkennen und sich selbst zu erfahren.

Nachfolgend eine kleine Zusammenstellung von Leitsätzen, die ich – aus persönlicher Erfahrung mit meinen drei Kindern – in der Erziehung für wichtig halte:

- *Verhindern Sie nicht, dass Ihr Kind fällt, aber fangen Sie es auf, wenn es fällt.*
- *Geben Sie Ihrem Kind mit Worten und durch Zärtlichkeit zu verstehen, dass sie es lieben, völlig bedingungslos und unabhängig von seinem Verhalten (siehe: Bedingungslose Liebe).*
- *Lassen Sie Ihr Kind wissen, dass es grundsätzlich so, wie es ist, gut ist und hier, um sich am Leben zu erfreuen und sich zu erfahren.*
- *Erklären Sie ihm schon früh eine goldene Regel:*
  „Von neun Kindern werden drei dich besonders gern haben, drei dich ablehnen und die restlichen drei dir mit Gleichgültigkeit begegnen." Sagen Sie ihm dazu, dass sich diese Quote nicht ändern wird, egal, was es tut oder lässt. Erklären Sie Ihrem Kind, dass es selbst ablehnen darf, und geben Sie ihm die nötige Rückendeckung, dass es die Ablehnung durch andere erträgt.
- *Erpressen Sie Ihr Kind nicht mit Tränen oder Beleidigtsein.*
- *Belasten Sie Ihr Kind nicht mit Themen, denen es nicht gewachsen ist. Benutzen Sie es nicht als Verbündeten oder Vermittler während einer Auseinandersetzung mit Ihrem Partner. Verzichten Sie darauf, Ihrem Kind ihr Leid zu klagen oder sich von ihm trösten zu lassen. Verwechseln Sie Ihr Kind bitte nicht mit Ihrem Partner.*
- *Hetzen Sie nicht über Lehrer, Erzieher oder Nachbarskinder, sondern zeigen Sie Ihrem Kind Strategien, wie es mit zwischenmenschlichen Schwierigkeiten fertig wird. So lernt es, Konfliktfähigkeit zu entwickeln und Streitigkeiten nicht autoaggressiv zu verarbeiten.*
- *Fragen Sie Ihr Kind nicht ständig aus, aber bleiben sie aufmerksam und ansprechbar. Tragen Sie dafür Sorge, dass die*

Kommunikation zwischen Ihnen und Ihrem Kind zu keinem Zeitpunkt abreißt. Auch dann nicht, wenn sich Ihr Kind entwicklungsbedingt verstärkt zurückzieht, speziell in der Pubertät. Vertrauen Sie dem Leben und Ihrem Kind, indem sie ihm von Anfang an Freiräume geben, die altersangemessen sind. So lernen auch Sie, loszulassen.

- *Gewähren Sie Ihrem Kind den Umgang mit vielen verschiedenen Menschen, sodass es erkennen kann, wie unterschiedlich Menschen denken, leben und reagieren. Auch kann es sich selbst im Spiegel seines Gegenübers erfahren und hat bei Schwierigkeiten verschiedene Ansprechpartner.*

- *Akzeptieren Sie die Regeln, die bei der Mutter, Schwiegermutter oder außerhalb Ihrer häuslichen Umgebung in Bezug auf Ihr Kind herrschen. Mischen Sie sich nur im Notfall ein. So lernt das Kind einerseits sich anzupassen, und andererseits, seine eigenen Grenzen zu erkennen und auch zu verteidigen.*

- *Sehen Sie über unwichtige Dinge im Verhalten Ihres Kindes hinweg, widmen Sie sich wirklich wichtigen Dingen, jedoch mit Nachdruck und Konsequenz.*

- *Fördern Sie Ihren Nachwuchs ohne Druck entsprechend seinem Potenzial, ohne dass Sie sich selbst über die intellektuellen oder künstlerischen Fähigkeiten Ihres Kindes definieren. Gute Noten oder der Besuch des Gymnasiums allein sagen noch lange nichts über die Lebens- und Existenzfähigkeit Ihres Sprösslings aus.*

- *Seien Sie ehrlich mit sich und Ihrem Kind. Geben Sie Fehler zu, sprechen Sie über Ihre Niederlagen. Zeigen Sie Stärke, indem Sie sich zu Ihren Schwächen bekennen. Gehen Sie offen mit Kritik um.*

- *Leben Sie Ihrem Kind keine Lügen vor, indem Sie sich dauer-*

*haft selbst betrügen oder ständig faule Kompromisse einge-
hen. Halten Sie eine Beziehung, in der keine Liebe mehr zwischen Ihnen und Ihrem Partner fließt, nicht langfristig zum
„Wohl des Kindes" aufrecht. Sie dienen Ihrem Kind lediglich
als schlechtes Vorbild in Sachen Selbstbetrug, mangelnder
Konflikt- und Handlungsunfähigkeit. Handeln Sie überlegt,
aber konsequent, wo es nötig ist. Kinder spüren intuitiv, was
zwischen ihren Eltern vor sich geht und geraten in eine sehr
schwierige Lage, wenn ihre Wahrnehmung nicht mit dem
scheinbar Offensichtlichen übereinstimmt. Auch dauerhafte
Streitigkeiten zwischen den Eltern stellen für Kinder eine stär-
kere Belastung dar als eine klar geregelte Trennung, die es
ihnen ermöglicht, mit beiden Elternteilen Kontakt zu halten.*

Jedes Leben, mit oder ohne Kinder, hat seine eigenen Herausforderungen und Möglichkeiten. Haben Sie Kinder, seien Sie
mit den Erfahrungen, die Sie als Mutter oder Vater machen,
einverstanden. Haben Sie keine Kinder, seien Sie auch damit
einverstanden – auch ein Leben ohne Kinder stellt eine Erfahr-
ungsmöglichkeit dar.

Vergessen Sie nicht: Auf der seelischen Ebene folgt das Leben dem von uns selbst aufgestellten Plan. Auch wenn wir uns
das gerade dann, wenn wir wegen ungewollter Kinderlosigkeit,
Behinderung eines Kindes oder dessen frühem Tod leiden, intellektuell nicht vorstellen können. Denn vielleicht muss auch
das Kind die Erfahrung der Behinderung machen, und wir Eltern
dienen hier lediglich als Erfüllungsgehilfen, die auf seelischer
Ebene zugestimmt haben, dieses Kind mit all seinen Schwierigkeiten in Liebe anzunehmen.

Beziehungen / Partnerschaften

„Beziehungen, die uns Halt geben, wurzeln in der Freiheit, einander loslassen zu können."

(Ernst Ferstl)

Die meisten Menschen erwarten von Beziehungen dauerhafte Verliebtheit, Harmonie und Glück. Tatsächlich liegt der eigentliche Sinn von Beziehungen in erster Linie darin, an ihnen zu wachsen. In dem Zusammenhang ist es wichtig klarzustellen, dass „verliebt sein" nicht das gleiche wie „lieben" ist. Wenn ich „verliebt" bin, definiere ich den anderen über eine besondere Eigenschaft, die er besitzt, vielleicht über seine gesellschaftliche Position oder sein ansprechendes Äußeres. Beim Verliebtsein steht das Ego noch ganz im Vordergrund: Man spiegelt sich in der Bewunderung und Aufmerksamkeit des Gegenübers und ist bereit, sämtliche Kompromisse einzugehen, um diesen Zustand möglichst lange zu erhalten. Die eigentlichen Herzensqualitäten in Form von Ehrlichkeit, Toleranz, Mitgefühl, Wertschätzung usw. werden nicht benötigt, um verliebt zu sein.

Von Natur aus sind Männer und Frauen so verschieden, dass sie sich genau genommen nicht wirklich verstehen können. Schon die Tatsache, dass Männer nachweislich eher mit einer Hirnhälfte, Frauen hingegen aufgrund des evolutionstechnisch stärker ausgebildeten Corpus Callosum (Nervenstrang zwischen beiden Hirnhälften) meistens in Verbindung beider Hirnhälften denken, bewirkt eine unterschiedliche Wahrnehmung der Wirklichkeit. Jedes Geschlecht hat seine eigene Erfahrungswelt und zieht seine eigenen Schlüsse aus ihr.

Darin wiederum besteht der Reiz, der die Verliebtheit bewirkt: Der Reiz der Andersartigkeit, des Unbekannten. Sich mit dem anderen Geschlecht innerhalb einer Beziehung intensiv auseinanderzusetzen schafft Raum für Erfahrungen.

Durch Liebe, Sex, Zärtlichkeit, aber auch durch Abhängigkeiten in Form von Elternschaft oder gemeinsamen Schulden, wird die Partnerschaft zusammengehalten. Ohne dieses Fundament würde man sich bei den ersten Schwierigkeiten gleich wieder trennen, und dann wäre Wachstum durch Beziehung nicht mehr möglich.

Auch das kosmische Gesetz der Harmonie zeigt in Bezug auf Partnerschaften seine Wirkung. Es besagt, dass über kurz oder lang alles, was ins Ungleichgewicht geraten ist, wieder ausgeglichen werden muss. Dies möchte ich anhand eines Beispiels erklären.

Visualisieren Sie sich bitte das Bild einer Wippe.

Stellen Sie sich nun vor, Sie treffen Ihren Traummann/Ihre Traumfrau. Es ist Liebe auf den ersten Blick. Bitte laufen Sie davon, so schnell Sie Ihre Füße tragen.

Wie bitte?

Ja, Sie haben richtig gehört. Diese brennende Verliebtheit führt dazu, dass die Wippe auf der einen Seite bis zum Anschlag in die Höhe geht. Was passiert demnach zwangsläufig auf der anderen Seite? Sie geht ganz nach unten.

Der Grund für die Anziehung und somit die Wachstumschance besteht eben genau in diesem Ungleichgewicht. Sie werden heutzutage wohl kaum mit einem Menschen, der in Ihnen keine großen Gefühle hervorruft – die Wippe also nicht in ein Ungleichgewicht bringt –, eine Affäre, eine Partnerschaft oder gar eine Ehe eingehen. Je heftiger die vordergründige Anziehung der Partner ist, umso schwerwiegender ist das Thema, das in dieser Beziehung zu bearbeiten ist. Innerhalb der ersten Monate wird voller Begeisterung ein Kind gezeugt, ein Haus gekauft oder ein gemeinsamer Kredit aufgenommen. Dann schnappt die „Falle" zu. Die Partner müssen miteinander kommunizieren, streiten, Probleme lösen, Sachverhalte klären und Kompromisse finden, ob sie wollen oder nicht. Denn Reibung schafft Wärme, und Wärme schafft Wachstum. Das Gleiche gilt selbstverständlich auch für gleichgeschlechtliche Beziehungen.

Seien Sie deshalb nicht enttäuscht, wenn die Liebe zu Ihrem/Ihrer Lebenspartner/in nicht ganz so heißblütig ist. Sie ersparen sich dadurch – denken Sie an die Wippe – viele Probleme.

Karmische Verabredungen sind eher selten die Grundlage einer Partnerschaft. Es kommt zwar manchmal vor, dass die Anziehung zweier Personen darin begründet liegt, dass Sie aus einer gemeinsamen Inkarnation noch eine „offene Rechnung" miteinander haben oder eine Beziehung mit einem Seelenverwandten aus der gleichen Seelenfamilie zu bestreiten ist. Grundsätzlich aber werden innerhalb von Beziehungen häufiger Erfahrungen mit bis dahin unbekannten Seelenteilen gemacht.

Natürlich greift auch in Sachen Partnerschaft der Seelenplan, der aber nur höchst selten die Erfahrung mit nur einer einzigen Person vorsieht. Manche Menschen, gerade wenn sie frisch verliebt sind, glauben, nun genau und unausweichlich dem einzig möglichen Traumpartner begegnet zu sein. Tatsächlich aber gibt es eine Vielzahl möglicher Partner, mit denen wir das, was wir uns vorgenommen haben zu lernen, auch erleben können.

Möglicherweise tragen Sie sich gerade mit dem Gedanken, sich von Ihrem Lebensgefährten oder Ihrer Lebensgefährtin zu trennen. Machen Sie sich bitte klar, dass Sie, sofern Sie nicht Ihre Resonanz verändert haben, nur ein Gegenüber anziehen können, mit dem Sie wieder die gleichen Themen zu bearbeiten haben wie mit dem bisherigen Partner. Beziehungen basieren immer auf Resonanzen (siehe: Gesetz der Resonanz), und jeder kann nur das anziehen, was er aussendet. Eine Beziehung zu beenden macht erst dann Sinn, wenn alle Gründe, die zur Trennungsabsicht geführt haben, so weit bearbeitet sind, dass Sie keinerlei Wut oder Unmut mehr dem Partner gegenüber verspüren. Erst wenn es ganz ruhig in Ihnen ist, dürfen Sie sich sicher sein, einen Menschen anziehen zu können, der neue Erfahrungs- und Erkenntnismöglichkeiten bietet, da Sie ja die Lernerfahrungen der vorangegangenen Partnerschaft bewältigt haben.

Sehr weibliche Frauen ziehen nach dem Gesetz der Harmonie sehr männliche Männer an. Da Beziehungen bis hin zum reifen Seelenalter immer ein Lernthema darstellen, bietet sich uns aufgrund unserer eigenen Resonanz immer wieder die Möglichkeit, Menschen anzuziehen, an denen wir wachsen können.

Je mehr Inkarnationen wir durchlebt haben, umso mehr Erfahrungen ein jeder mit der männlichen und der weiblichen Seite der Existenz gemacht hat, desto ausgeglichener wird im Laufe der Jahrtausende unser eigenes Energiefeld, es wird quasi „androgyn". Alte Seelen tun sich aufgrund der energetischen Ausgeglichenheit ihrer weiblichen und männlichen Energien eher schwer, einen Partner zu finden. Denn auch dieser muss – hier wirkt wieder das Gesetz des Ausgleichs – ein ausgeglichenes Energiefeld haben. Quantitativ gesehen gibt es tatsächlich deutlich weniger mögliche Partner, da der Anteil alter Seelen viel geringer ist als der junger oder reifer Seelen. Der Vorteil dieser Seelenreife besteht darin, gegengeschlechtliche Beziehungen frei von Sexualität und Eifersucht – außerhalb einer Partnerschaft –, auf rein freundschaftlicher Basis erleben zu können. Echte platonische Liebe ist möglich und schafft die

Voraussetzung, mit gegengeschlechtlichen Mitgliedern der eigenen Seele oder Seelenfamilie tiefgehende Beziehungen zu erleben. Stützen und Nähren, aber auch Lernen und Erkennen sind die Basis für diese Art von Beziehung. Man verspürt oft innerhalb dieser Verbindung große Liebe und tiefes Vertrauen, die aber nicht mehr von äußeren Bedingungen abhängig sind.

Hilfe und helfen

„Jemandem zu helfen bedeutet nicht, sich selbst zu vernachlässigen."

(Sprichwort der Mamprusi, Volk in Ghana)

Dass wir Menschen uns in schwierigen Situationen gegenseitig helfen, ist ein schöner und menschlicher Zug. Jeder, der schon einmal auf Hilfe angewiesen war, weiß, wie froh und dankbar man sich fühlte, wenn sie einem zuteilwurde. Auch anderen zu helfen ist wichtig und erfüllend. Allerdings ist es nötig, das rechte Maß für die Art und Weise zu finden, wie wir anderen helfen oder Hilfe annehmen.

Wenn wir helfen wollen, müssen wir genau prüfen, welche Motive uns antreiben.

Helfe ich aus Mitgefühl heraus, werde ich nur genauso viel Einsatz zeigen, wie benötigt wird, um dem Hilfsbedürftigen die Möglichkeit zu geben, sich selbst zu helfen. In diesem Fall leitet sich daraus keinerlei Erwartung meinerseits ab, dass derjenige, dem ich helfe, diese Hilfe auch annimmt oder sie tatsächlich umsetzt. Ich belaste mich auch nicht mit den Sorgen und Nöten des anderen, sondern beschäftige mich nur in dem Moment damit, in dem ich ihm aktiv helfen kann. Hier ist der Helfer Impulsgeber und Wegbereiter, ohne den Hilfsbedürftigen um seine eigenen Erfahrungen zu bringen.

Helfe ich aus Mitleid heraus, werde ich alles versuchen, dass es dem Hilfebedürftigen auf jeden Fall besser geht. Ich werde ihm möglicherweise Dinge abnehmen, die er besser selbst erledigen würde. Ich versuche, ihm Schwierigkeiten aus dem Weg zu räumen, an denen er vielleicht hätte wachsen sollen. Unbeabsichtigt demütige ich vielleicht mit meiner ungefragten Unterstützung sogar einen Menschen, wenn er annimmt, dass ich ihm etwas nicht zutraue und es deshalb für ihn erledige. Ich erwarte von dem Hilfebedürftigen, dass sich sein Zustand oder seine Situation dank meiner Hilfe bessert, er sein Verhalten ändern wird und, vor allem, er mir dankbar ist und das auch zeigt.

Mitleidige Helfer treten gerne als Missionare auf. Sie wissen anscheinend immer besser, was das Richtige für den Hilfsbedürftigen ist, als dieser selbst. Wir sollten uns aber unbedingt davor hüten, unsere Mitmenschen „zwangsmissionieren" zu wollen. Sowohl der Helfer als auch der, dem die Hilfe zuteilwird, sollte auf freiwilliger Basis helfen beziehungsweise Hilfe annehmen. Es ist durchaus legitim, Hilfe auch auszuschlagen.

Häufig ist unsere Hilfsbereitschaft davon motiviert, unseren Selbstwert aufzupolieren. Wenn wir glauben, unser Handeln sei ehrenwert, fühlen wir uns auch gut dabei. Hierbei steht ganz klar die Befriedigung des Egos im Vordergrund, auch wenn es so aussieht, als ginge es uns ausschließlich um den Hilfsbedürftigen.

Selbstlose Hilfe hingegen befreit uns vom Ego. Wir taktieren nicht, ob wir Vorteil oder Gewinn durch unser Tun erzielen und definieren uns auch nicht darüber. Wir tun, was nötig und sinnvoll ist. Nicht mehr und nicht weniger.

Auch wenn wir Hilfe anzunehmen, sollten wir uns genau beobachten. Es geht natürlich nicht darum, sich im Fall lebensrettender Sofortmaßnahmen derartige Gedanken zu machen. Aber sich helfen zu lassen erzeugt ein gewisses Ungleichgewicht, das zu einem späteren Zeitpunkt wieder ausgeglichen werden muss. Man bleibt für die empfangene Hilfe quasi etwas schuldig. Dabei muss der Ausgleich nicht zwingend mit der Person vollzogen werden, die uns geholfen hat. War uns beispielsweise ein Freund beim Umziehen behilflich, sind wir selbstverständlich beim Umzug eines anderen Freundes aufgefordert, mit Hand anzulegen, um wieder ein energetisches Gleichgewicht herzustellen.

Aber Hilfe anzunehmen kann uns auch in Abhängigkeiten bringen. Nehme ich zum Beispiel häufiger die Hilfe meiner Eltern an für Dinge, die ich selbst erledigen könnte, nur weil es für mich bequemer ist, muss ich damit rechnen, dass sie sich auch in Angelegenheiten in meinem Leben einmischen, die sie nicht unbedingt etwas angehen. Da ich ihnen aber etwas schuldig bin und meine durch sie geschaffenen Annehmlichkeiten nicht missen möchte, bin ich bereit, nicht aufzubegehren und stattdessen lieber faule Kompromisse einzugehen.

Wir sollten uns deshalb sehr gut überlegen, ob wir tatsächlich Hilfe von außen benötigen oder allein klarkommen.

Einverständnis und Widerstandslosigkeit

Widerstandslosigkeit und Einverständnis in uns zu entwickeln gehört zu den schwierigsten Lernaufgaben unserer Inkarnation. Beherrschen wir jedoch diese Disziplinen, wird unser Leben deutlich einfacher und freudvoller. Das Buch *„Einverständnis"* von Shalila Sharamon und Bodo J. Baginski möchte ich Ihnen in diesem Zusammenhang sehr empfehlen.

Wie können wir lernen, mit dem einverstanden zu sein, was in unserem Leben passiert?Die erste Grundvoraussetzung besteht darin, unsere Lebensfreude grundsätzlich nur aus der Freude am Sein, an der eigenen Existenz, abzuleiten und uns somit völlig unabhängig von äußeren Bedingungen zu machen. Normalerweise fühlen wir uns gut, wenn uns etwas gelingt, wir etwas Sinnvolles tun, etwas neu geschaffen haben oder erfolgreich sind. Wir fühlen uns schlecht, wenn wir scheitern, versagen, erfolglos sind oder die Dinge nicht so laufen, wie wir es uns vorstellen. Wir machen uns also abhängig von Dingen und Situationen, auf die wir nur bedingt Einfluss haben. Unser reines Sein ist jedoch völlig unabhängig von alldem, genau genommen sogar unabhängig von unserer körperlichen Unversehrtheit.

Die zweite Grundvoraussetzung besteht in der Bereitschaft, Erfahrungen machen zu wollen, sich für alle Arten der Erfahrung zur Verfügung zu stellen, in dem Wissen, dass wir mit unserer persönlichen Erfahrung der Gesamterfahrung unserer Seele dienen.

Die dritte Grundvoraussetzung heißt Urvertrauen, also jederzeit zu wissen, dass alles, was passiert, grundsätzlich sinnvoll ist und meiner persönlichen Entwicklung dient.

Auf dieser Grundlage können wir jederzeit üben, mit dem einverstanden zu sein, was um und mit uns passiert. Was nicht heißt, dass wir passiv als Opfer verharren sollen. Gemeint ist, dass wir keine Widerstände gegen die Begebenheiten hegen, die unser Leben bestimmen, sondern sie so akzeptieren, wie sie sind, um uns zu fragen, wie wir für uns das Beste daraus machen können und welche Lernerfahrungen sie für uns enthalten.

Kopplung von Ursache und Wirkung

Jede Ursache erzeugt eine Wirkung, die selbst wieder zur Ursache wird. Das ist ein geistiges Gesetz. Es besteht allerdings die Gefahr, dass wir Ursache und Wirkung in kausalen Zusammenhang bringen, also koppeln, die ursächlich gar nichts miteinander zu tun haben. Ich möchte dies an einem Beispiel erklären:

Nehmen wir an, Sie besuchen mit Kunden ein Restaurant und essen das erste Mal in Ihrem Leben Tintenfisch. Schon auf dem Heimweg plagen Sie nun Kopfschmerzen, die sich bis zur Migräne mit Übelkeit hin steigern. Sie überlegen, was der Auslöser Ihrer Kopfschmerzen sein könnte und kommen zu dem Schluss, dass es der Tintenfisch gewesen sein muss. Tatsächlich wurde die Migräne womöglich durch die anstrengenden Tischgespräche, die Anspannung in Bezug auf die Geschäftsbeziehung zu Ihren Kunden oder den Streit mit Ihrem Partner/Ihrer Partnerin am Frühstückstisch ausgelöst. Sie aber sind fest davon überzeugt, dass der Genuss des Tintenfisches bei Ihnen die Schmerzen ausgelöst hat und werden in Zukunft einen großen Bogen um Tintenfisch machen. Da Sie eine gleichartige negative Erfahrung befürchten, sind Sie nicht mehr bereit, noch einmal Tintenfisch zu kosten, denn dann würden Sie vielleicht feststellen, dass Ihnen dieser unter anderen Umständen hervorragend bekommt. Da Sie den Versuch aber erst gar nicht unternehmen, bleibt die Kopplung Tintenfisch = Kopfschmerzen fest in Ihrem Hirn verankert, obwohl ursächlich zwischen den beiden keinerlei Zusammenhang besteht.

Das ist nur ein einfaches Beispiel für Fehlkopplungen von Ursache und Wirkung, das auf etliche Situationen in unserem Leben übertragbar ist. Wir meiden bestimmte Menschen, mit denen wir schlechte Erfahrungen gemacht haben. Wir umgehen möglichst Situationen, die uns schon einmal unangenehm waren. Wir entwickeln unbewusst Vermeidungsstrategien und „Schonhaltungen", die unseren Handlungsspielraum immer weiter einschränken. Dieser Prozess ist im Hirn konkret nachweisbar, da nun bestimmte Synapsen nicht mehr benutzt, die „Umleitungen" hingegen immer stärker ausgebaut werden. Durch unser Verhalten sind wir nicht mehr in der Lage, eine neue Erfahrung zu machen, die die alte, eingefahrene überschreiben könnte, und bleiben so in unseren alten, uns nach und nach immer mehr einengenden Mustern hängen.

Wir sollten es also immer wieder wagen, uns mutig Menschen und Situationen zu stellen, denn nur so haben wir die Möglichkeit, uns aus dem engen Panzer der eigenen Kopplungen zu befreien.

Zentrierung

Um handlungs- und entscheidungsfähig zu sein, ist es außerordentlich wichtig, dass wir zentriert um unsere eigene Mitte „kreisen". Wie das funktioniert, möchte ich an einem Bild erklären:

Stellen Sie sich einen rotierenden Kreis vor, der aus drei Ringen besteht. Der innerste Kreis stellt die Seele dar. Der den innersten Kreis umschließende Ring steht für unseren Geist, also für Gefühle, Intuition und unser logisches Denken. Der äußerste der drei Kreise repräsentiert unseren Körper. Alle drei Kreise müssen in ständigem Austausch stehen, damit sie ihr Potenzial optimal entfalten. Auf dieser Grundlage können wir zielgerichtet im Außen kommunizieren, handeln und unsere Ziele und Absichten so realisieren. Nur dann können wir uns auch hinreichend gegen Übergriffe unserer Mitmenschen zur Wehr setzen und uns klar abgrenzen.

Lassen wir uns von psychischen und physischen Geschehnissen aus dieser Zentrierung reißen, bekommt das ganze System eine „Unwucht". Auch wenn diese „Unwucht" nur einen der drei Kreise betrifft, sind doch gleichzeitig die beiden anderen Kreise mit betroffen, da sie ja untereinander in Verbindung stehen. Ganz gleich, ob wir uns durch destruktive Gedanken auf der emotionalen Ebene dezentrieren, Krankheit oder Unfall uns aus der Bahn werfen oder wir durch unsere mentalen Blockaden erstarren: Jedes Mal gerät das ganze System aus dem Gleichgewicht.

Stellen wir also fest, dass wir im Ungleichgewicht sind, sollten wir auf dieser Basis keine weitreichenden Entscheidungen treffen oder allzu spontan reagieren. Stattdessen sollten wir uns möglichst Ruhe zur Meditation und Introspektion nehmen, um herauszufinden, was in uns die „Unwucht" erzeugt hat und diese über unser Bewusstsein, also über Einverständnis und Widerstandslosigkeit, so auflösen, dass sie uns letztlich zur Erfahrung dient.

Ängste

„In Ängsten findet manches statt, was sonst nicht stattgefunden hat."

(Wilhelm Busch)

Ängste stellen für uns den Motor unserer Entwicklung dar. Unsere Ängste erzeugen Gedanken und Gefühle. Diese bilden die Grundlage aller Reaktionen und Handlungen, welche wiederum Einfluss nehmen auf unsere Entscheidungen und Erfahrungen mit der Umwelt. Dank dieser Ängste schaffen wir in unserem Leben Situationen, an denen wir wachsen können.

Welche Ängste wir erleben und erfahren wollen, planen wir zwar über den Seelenplan, letztendlich nehmen wir jedoch die Ängste auf, die wir im Baby- und Kleinkindalter erfahren; also die, durch die wir von Eltern oder Erziehungsberechtigten geprägt sind (siehe: Prägungen). Unsere ureigenen Ängste im Laufe unseres Lebens zu erkennen und zu überwinden ist ebenfalls Teil unseres seelischen Entwicklungsplans.

Interessanterweise wirken unsere Ängste immer in beide Richtungen. Unsere Angst, abgelehnt zu werden, führt zu einem Selbstschutzmechanismus, der bewirkt, dass wir selbst häufig über Menschen urteilen und sie ablehnen. Fürchten wir Zurückweisung, sind wir bemüht, uns bestmöglich vor emotionalen Verletzungen zu schützen, und werden so unbewusst bei entsprechender Gelegenheit selbst Menschen zurückweisen.

Alle Menschen haben Ängste, doch die wenigsten sind in der Lage, sich diese auch einzugestehen. Gerade Männer tun sich aufgrund ihrer Erziehung meistens schwer, einen Zugang zu ihren Ängsten zu finden. Mit den Worten „Ein Junge weint doch nicht – sei ein Mann und keine Memme – ein Indianer kennt keinen Schmerz" und ähnliche Phrasen ist ihnen schon in der Kindheit vermittelt worden, dass Angst eine Schwäche ist, die man tunlichst nicht zeigen sollte. Sie übergehen und verstecken ihre Angst so lange, bis sie für sie selbst nicht mehr wahrnehmbar ist. Denn das Gehirn passt sich allzeit den immer wiederkehrenden Gedanken seines „Benutzers" an und baut um die Areale, in denen Angst empfunden wird, so lange „Umleitungen" und „Sackgassen", bis tatsächlich kein Zugang zu diesen Ängsten mehr besteht. Aber nur, weil ein Mensch seine Angst nicht wahrnehmen kann, ist er deswegen noch lange nicht angstfrei. Wenn uns das Bewusstsein über unsere Ängste abhandengekommen ist, legen wir uns Ersatzhandlungen und Denkmodelle zurecht, die wir auf die Angst auslösenden Situationen immer wieder anwenden. Je erfolgreicher wir damit sind, desto mehr verfestigt sich unser Verhalten. Die Angst jedoch wirkt im Untergrund weiter und führt zu einer Fernsteuerung, die uns dazu bringt, bestimmte Situationen oder Menschen zu meiden. Diese Vermeidungsstrategie bewirkt, dass wir zum einen wesentliche Erfahrungen nicht machen und uns zum anderen aus unseren festgefahrenen Angstmustern nicht lösen können.

Wollen wir an unserem eigenen Wachstum arbeiten, ist es also zwingend notwendig, unseren Ängsten und den damit einhergehenden Fernsteuerungen ins Gesicht zu blicken.

Einige Ängste habe ich bereits beschrieben, möchte aber nachfolgend auf die am häufigsten vorkommenden noch näher eingehen.

Zur Erkennung und Bearbeitung der eigenen Ängste ist es dienlich, dass Sie sich ein Tagebuch anlegen. Notieren Sie am besten täglich kurz die Situationen, die Ihnen besonders unerfreulich, stressig oder extrem erschienen sind und notieren Sie dazu Ihre Gefühle. Im Laufe der Zeit werden Sie feststellen, dass fast alle Schwierigkeiten in Ihrem Leben nur von einer einzigen, hauptsächlichen Angst erzeugt werden. Diese Angst sollte erkannt und akzeptiert werden. Wenn Sie bereit sind, sich Ihren Ängsten zu stellen, können Sie in allen schwierigen Lagen – auch rückwirkend – erkennen, wie genau diese Angst Ihr Leben beeinflusst und manipuliert.

Sind wir bewusst genug, um unsere Angst zu erkennen, und verfügen über genug Eigenliebe, sodass wir uns unsere Angst eingestehen können, lernen wir im Laufe der Zeit, sie zu überwinden.

Verhärtung – Die Angst vor Veränderungen

„Und es kam der Tag, da das Risiko, in der Knospe zu verharren, schmerzlicher wurde als das Risiko zu blühen."

(Anaïs Nin)

Das Einzige, was unveränderlich ist, ist die Tatsache, dass alles einer ständigen Veränderung unterliegt. Das entspricht dem geistigen Gesetz der Evolution und dem Gesetz der Schwingung. Bewegung ist die Urform aller Existenz. Sogar ein Stein bewegt sich. Selbst wenn wir dessen Bewegung aufgrund unserer zu schwach entwickelten Sinne nicht wahrnehmen können, hat die Physik längst bewiesen, dass alle Materie nur aus Energie unterschiedlicher Dichte besteht, die ständig schwingt, also in Bewegung ist.

Darum müssen auch wir uns bewegen und handeln, um Erfahrungen zu machen und uns am Leben zu erfreuen. Das Leben ist keine Zugfahrt, bei der wir gemütlich und warm im Abteil sitzen, uns Kaffee servieren lassen, derweil draußen die Landschaft vorbeizieht und wir nur am Zielbahnhof aussteigen müssen. Nein, das Leben ist eine Wanderschaft, wir müssen selbst gehen, das Ziel vor Augen, die Freuden und Entbehrungen unserer Reise in Kauf nehmend. Schritt für Schritt. Und niemand kann uns diesen Weg abnehmen.

Die Angst vor Veränderung macht uns starr, führt uns in den Stillstand, in die Stagnation, in die Bewegungslosigkeit. Begründet wird die Angst vor Veränderungen zum einen durch mangelndes Urvertrauen (siehe: Wurzelchakra), zum anderen durch unsere Angst, Fehler zu machen (siehe: Angst, Fehler zu machen) und letztlich zu scheitern. Aber auch unsere negativen Erfahrungen und Prägungen beeinflussen unser Verhalten, ob wir Neuem gegenüber offen sind oder den Fokus eher auf die Probleme und Hindernisse richten, die die Neuerung möglicherweise mit sich bringt. Haben wir zum Beispiel als Kind umziehen müssen und am neuen Wohnort schlecht Anschluss gefunden, oder unsere Eltern haben sich getrennt und unsere persönliche Situation hat sich dadurch nachhaltig negativ verändert, führen diese Erfahrungen dazu, dass wir Veränderungen immer mit negativen Konsequenzen in Verbindung bringen. Je mehr unverarbeitete negative Erinnerungen und Erfahrungen wir im Laufe unseres Lebens machen, umso höher ist die Angstschwelle, eine neue Erfahrung zuzulassen, auch wenn diese eine mögliche Verbesserung unserer Situation in Aussicht stellt.

Aus der Evolutionsforschung ist bekannt, dass sich der Mensch, wie jedes andere Lebewesen auch, immer wieder den vorherrschenden Umweltbedingungen anpassen musste. Änderten sich die äußeren Rahmenbedingungen, zum Beispiel durch Klimaveränderungen, lange Wanderungen in unbekannte Gebiete oder auch durch Naturkatastrophen und Kriege, waren jeder Mensch, jedes Tier und jede Pflanze gezwungen, sich entsprechend anzupassen und ihre bis dahin gültigen, spezialisierten und erprobten Verhaltensweisen und Gewohnheiten über Bord zu werfen. Andernfalls war ein Überleben nicht möglich. Erst mit fortschreitender Hirnentwicklung war der Mensch in der Lage, die äußeren Bedingungen durch eigenes Tun (zum Beispiel Haus-, Ackerbau, Viehzucht usw.) relativ stabil zu halten, sodass der Anpassungsdruck nachließ.

Aus dieser archaischen Angst heraus ist es noch heute unser Bestreben, die äußeren Bedingungen oder auch unsere Beziehungen mittels Verträge, Versicherungen, Immobilien, Ersparnisse und dergleichen möglichst stabil zu halten. Nur so müssen wir unsere eingefleischten Gewohnheiten, Denkmuster, Kontrollroutinen und Glaubenssätze nicht aufgeben.

Hinter unserer Angst vor äußeren Veränderungen steht letztlich auch die Angst, innere Veränderungen herbeiführen zu müssen. Denn jede Umwälzung unserer Bedingungen, zum Beispiel die Beendigung einer unbefriedigenden Partnerschaft, zwingt uns aufgrund der veränderten Situation dazu, uns mit Sachverhalten und Themen auseinanderzusetzen, mit denen wir ohne diese Trennung nicht konfrontiert worden wären. All das führt natürlich auch zu Veränderungen unserer Einstellungen und Glaubenssätze, destabilisiert also das liebgewonnene starre, aber eben auch stabile System. Das wiederum birgt die Gefahr des Kontrollverlustes in sich, denn die Auswirkungen all dieser äußeren und inneren Veränderungen auf unser Leben sind uns in dem Moment ja noch nicht bekannt. Der drohende mentale Kontrollverlust wirkt umso stärker auf uns, je weniger Urvertrauen wir haben, und führt letztlich in eine Handlungs- und Bewegungsstarre.

Desto weniger wir aufgrund von Minderwertigkeits- oder Selbstsabotagestrukturen davon überzeugt sind, den neuen

Anforderungen und dem damit einhergehenden Kontrollverlust gewachsen zu sein, umso mehr werden wir uns bemühen, am Alten festzuhalten, auch wenn es uns schon lange nicht mehr dienlich ist.

Leidensdruck und Hoffnung sind die Antriebskräfte, die bewirken, dass wir letztlich doch zur Veränderung gezwungen werden. Wie viel Leidensdruck ein Mensch aushält, bevor er handelt, ist allerdings individuell sehr verschieden.

Aus Sicht der Hirnforschung stellt es sich so dar, dass unser Denken und Fühlen von diesem Angstprogramm bestimmt wird, das sich durch die häufige Wiederholung unserer unbewussten Angstmuster in Form einer „Datenautobahn" tief in unser Gehirn gebahnt hat. Das wiederum führt dazu, dass wir unbewusst immer wieder dasselbe Verhalten an den Tag legen und somit jede aktive Veränderung unserer Bedingungen und Situation verhindern. Doch jedes Mal, wenn wir dank unserer Bewusstheit über unsere Angst vor Veränderung hinausgehen und doch eine Neuerung mit all ihren Risiken wagen, werden alternative Synapsen und Stoffwechselprozesse in unserem Hirn stärker aktiviert, was dazu führt, dass mangels Benutzung die „Datenautobahn" der Angst „zuwächst" und nun andere, bisher wenig genutzte Pfade ausgebaut werden. Je öfter wir also Veränderung zulassen, desto leichter fällt es uns, mit ihr umzugehen, da sich, wie die Forschung beweist, unser Gehirn tatsächlich entsprechend anpasst.

Wer sich für diese Hintergründe interessiert, dem sei von Gerald Hüter „Bedienungsanleitung für ein menschliches Gehirn" oder auch „Männer, das schwache Geschlecht und sein Gehirn" wärmstens empfohlen. Gerald Hüter, Neurobiologe und Hirnforscher, beherrscht es perfekt, Fakten unterhaltsam und verständlich zu präsentieren.

Maßlosigkeit – Die Angst, nicht genug zu bekommen

„Ich weinte, weil ich keine Schuhe hatte, bis ich einen traf, der keine Füße hatte."

(Unbekannt)

Werden wir von dieser Angst geplagt, fürchten wir allzeit, Mangel zu erleiden, zu wenig zu bekommen, zu verhungern oder benachteiligt zu werden. Dabei muss sich unser Begehren nicht zwingend auf materielle Güter beziehen. Unser permanentes Mangelgefühl kann sich durchaus auch auf Gesundheit, Liebe, Zuwendung, Harmonie, Geld, Glück, Schönheit, Wachstum, Sex, Ruhe usw. richten. Der scheinbare Mangel erzeugt in uns immer das Gefühl, arm zu sein, egal, wie viel wir besitzen. Die Angst zwingt uns, mit ganzer Kraft danach zu streben, das Objekt unseres Mangels zu erreichen. Offen gezeigte Gier führt allerdings dazu, dass sich unsere Mitmenschen von uns abwenden. So versucht manch einer mittels Geld, Macht, Erfolg, Besitz und Karriere gesellschaftliche Anerkennung zu erlangen, um dadurch die Angst vor Mangel zu kompensieren. Andere wiederum unterdrücken ihre Gier, indem sie sich betont anspruchslos und bescheiden geben. Maßlosigkeit ist grundsätzlich schlecht zu unterdrücken, sodass gerade die Menschen, die ihre Gier verleugnen, leicht zu Missbrauch von Drogen, Tabletten, Alkohol usw. neigen.

Deshalb ist es sehr wichtig, sich seine Maßlosigkeit einzugestehen und der Angst einen Kanal zu geben, durch den sie ausgelebt werden kann. Sonst staut sie sich, ähnlich einem Kolben beim Automotor, und bricht sich dann umso massiver Bahn. Bei Kindern mit diesem Angstmerkmal ist es sinnvoll, ihnen, sofern keine tatsächlichen Gründe dagegen sprechen, immer wieder die Gelegenheit zu geben, gierig zu sein. Lassen Sie es gelegentlich ruhig zu, dass ihr Kind sich bei Tisch sieben Fischstäbchen nimmt, auch wenn es nur drei davon isst, sofern die anderen Personen dann nicht hungern müssen. Bei Erwachsenen helfen „All-inclusive-Reisen" oder auch regelmäßige Besuche in einem „All-you-can-eat-Lokal" oder einem Schnäppchenmarkt, um der Gier freien Lauf zu lassen.

Minderwertigkeit – Die Angst, nicht zu genügen

„Die größte von allen Schwächen ist, zu sehr zu fürchten, schwach zu sein."

(Bossuet)

Die Angst vor Minderwertigkeit garantiert uns vielfältige Erfahrungsmöglichkeiten. Sie wird meistens im Kindesalter geprägt, wenn wir uns von Eltern und Lehrern zurückgewiesen fühlten oder unsere Eigenwahrnehmung im Kontrast zu der Beurteilung durch andere stand. Gerade Menschen mit hohem Potenzial, vielen Fähigkeiten und bemerkenswerten Qualitäten, die über ein vielschichtiges Innenleben und Tiefgang verfügen, sind häufig von der Angst, nicht zu genügen, besessen.

Halten wir uns immer leise und unauffällig im Hintergrund, stellen keine Ansprüche und Forderungen, sind sehr bescheiden, strebsam und fleißig, sind wir sicher von der Angst vor Minderwertigkeit getrieben. Um unser Unzulänglichkeitsgefühl zu überdecken, bringen wir stets mehr Einsatz als andere. Wir neigen zu Perfektionismus, meiden dabei aber möglichst jede Herausforderung. Lob, Wertschätzung und Anerkennung können wir nur schwer annehmen, denn beides ändert nichts an unserem Gefühl der Minderwertigkeit.

Die Wünsche und Bedürfnisse unserer Mitmenschen erscheinen uns wichtiger als unsere eigenen.

Unsere wahre Kraft, Liebe und Stärke zeigen wir nicht, ebenso wenig unsere Fähigkeiten und Talente.

Weil wir glauben, minderwertig zu sein, machen wir uns selbst nieder, fühlen uns unwissend und unfähig, obwohl es keinen Grund dafür gibt. Gleichzeitig leiden wir unter der Wut und dem Hass auf alle, die wir für besser halten als uns.

Durch unser defensives Verhalten im Außen erzeugen wir kaum Probleme, sodass unsere Angst für unsere Umwelt häufig kaum wahrnehmbar ist. Die Angst vor Minderwertigkeit kann uns aber auch als Schutzschild vor Angriffen dienen, denn durch unsere unauffällige und devote Art bieten wir unserem Gegenüber keinerlei Reibungsfläche. Wer grenzt sich schon gegen einen Menschen ab, der sich immerzu ängstlich und bescheiden gibt? Subtil üben wir so einen starken Erwartungsdruck auf unsere Mitmenschen aus, dass sie bitte keinen Konflikt heraufbeschwören oder gar Kritik an uns üben, sondern sich uns gegenüber mitfühlend und verständnisvoll verhalten.

Menschen mit dieser Angst neigen häufig dazu, sehr leise zu sprechen. Befragt man sie, warum sie das tun, antworten sie meistens, dass sie sich nicht in den Vordergrund spielen oder am besten gar nicht auffallen wollen, da ihnen das unangenehm wäre. Tatsächlich ist es aber so, dass wir einem Menschen, der sehr leise spricht, unsere ganze Aufmerksamkeit schenken *müssen*, um ihn zu verstehen. Wir müssen bis auf wenige Zentimeter an ihn heranrutschen, ihm von den Lippen lesen, um zu hören, was er zu sagen hat. Wir werden so indirekt gezwungen, zuzuhören und unserem Gegenüber unsere volle Aufmerksamkeit zu schenken. Wir haben keine Möglichkeit mehr, uns eines Kommentars zu enthalten oder uns der Situation zu entziehen.

Diese „Macht des Opfers" führt dazu, dass es für die Betroffenen sehr schwer ist, die Angst vor Minderwertigkeit loszulassen (siehe: Opfertum – Die Angst, sich zu wehren).

Erst wenn wir lernen, Eigenliebe und Wertschätzung für uns zu entwickeln, können wir uns von unserer Angst distanzieren. Wir werden erkennen, dass jeder seine Stärken und Schwächen, guten und schlechten Seiten, Fähigkeiten und Potenziale hat, und es einerseits keinem zusteht, überheblich zu sein, andererseits keiner seine Schwäche und Hilflosigkeit instrumentalisieren sollte.

Selbstzerstörung –
Die Angst vor überschäumender Lebensfreude

„Wir können einem Kind, das sich vor der Dunkelheit fürchtet, leicht vergeben; die wahre Tragödie des Lebens ist, wenn Menschen sich vor dem Licht fürchten."

(Plato)

Müssen wir in frühen Kinderjahren das Gefühl von Hilflosigkeit, Einsamkeit oder Verlassenheit ertragen, zum Beispiel durch Tod oder Trennung der Eltern, eine Kindheit im Heim oder das Aufwachsen bei lieblosen Menschen, entwickeln wir eine starke Verlustangst. Diese kann durch Bestrafungen, körperliche Züchtigungen oder das Erlebnis, dass Menschen willkürlich das zerstören, woran unser Kinderherz hängt, noch verstärkt werden. Um diese leidvollen Erfahrungen nicht noch einmal machen zu müssen, gehen wir zu unserem eigenen Schutz als Erwachsene dazu über, alles, was sich unserer Kontrolle entzieht, lieber selbst zu zerstören, bevor es ein anderer tut. Wir entwickeln eine ausgeprägte Angst vor Kontrollverlust über unsere eigenen positiven Gefühle. Wir beschneiden unsere Lebendigkeit und unsere Lebensfreude. Wir fürchten immerzu: „Wenn es mir gut geht, kommt bestimmt jemand oder etwas, das mich um diese Freude bringt." Also sorgen wir selbst dafür, dass es uns nicht zu gut geht. Wir hören auf, uns zu fragen, was uns beglückt oder Spaß macht, wir dienen, anstatt uns selbst zu nähren, und wir ertragen stoisch den Mangel an Lebensfreude, mit dem Gefühl, alles unter Kontrolle zu haben.

Selbstsabotage ist ein Muster, das häufig auch noch karmisch begründet ist, weil es eine Art Überlebensstrategie darstellte. Vielleicht haben wir Inkarnationen als Sklaven oder Gefangene im System, die unser Verhalten über das kausale Aurafeld bis heute prägen. Vielleicht mussten wir erleben, dass andere uns unsere Lebensfreude neideten und wir dafür zur Rechenschaft gezogen wurden oder man uns deswegen gar nach dem Leben trachtete.

Doch wir können unsere Selbstsabotagestrukturen mit unserer Bewusstheit durchbrechen. Dazu müssen wir lernen zu erkennen, wann wir die alte Spur der Selbstsabotage bedienen, wo wir uns Steine in den Weg legen, uns behindern, sabotieren und uns somit daran hindern, neue, freudvolle Erfahrungen zu machen. Wir brauchen Zeit, unser Verhalten zu betrachten, es zu analysieren und auf dieser Grundlage ein verändertes Verhalten einzuüben.

Rastlosigkeit –
Die Angst, etwas Entscheidendes zu verpassen

„Was Ungeduld ist, kann nur ermessen, wer einen stein-reichen kranken Erbonkel hat."

(Mark Twain)

Geduldig zu sein gehört zu den Tugenden des Menschen. Nicht jeder ist mit dieser Herzensqualität gesegnet. Immer auf der Suche nach dem Sinn des Lebens, befürchten wir, etwas Wesentliches zu verpassen, nicht zur rechten Zeit am rechten Ort zu sein. Wir glauben, wenn unsere Tage verplant sind und wir in hoher Geschwindigkeit unsere Aktivitäten erledigen, sind wir produktiv. Aus Angst vor Langeweile und Stagnation suchen wir immer neue Herausforderungen und Ziele. Sind wir zur Ruhe gezwungen, zum Beispiel durch ein gebrochenes Bein, macht sich schnell eine unangenehme Leere in uns breit. Ruhe und Zentriertheit erscheinen uns als sinnlos, da unproduktiv. Produktivität scheint unserem Leben Sinn zu geben. Gefühlte Sinnlosigkeit führt zu Verzweiflung und Orientierungslosigkeit, die wir als Unduldsamkeit und Verachtung auf unsere Mitmenschen projizieren. Wir setzen uns und unsere Umwelt unter Druck, unser Leben und unsere Gesundheit aufs Spiel. Nur selten sind wir im Hier und Jetzt; wünschen uns immer das, was gerade nicht ist. Wir können uns kaum an unseren „Etappensiegen" freuen und die Früchte unserer Arbeit genießen. Gesellschaftlich hat diese Angst eine hohe Akzeptanz, denn das Streben nach Neuerem, Besserem, Schönerem wird positiv beurteilt.

Hinter dieser Ungeduld steht häufig der Zweifel der Seele, ob sie wirklich inkarnieren wollte. Oder sie fürchtet, nicht zu Lebzeiten zu schaffen, was sie sich vorgenommen hat. Dann ist die Angst vor dem Tod allgegenwärtig und das Urvertrauen eher schwach entwickelt.

Auch hier kann uns Bewusstheit helfen, unsere Angst zu überwinden. Wissen wir, dass wir viele Leben Zeit haben, alles zu erledigen und zu erfahren, was wir uns vorgenommen haben, können wir uns ganz auf den Augenblick konzentrieren. Urvertrauen gibt uns die Sicherheit, dass uns das zuteilwerden wird, was wir zu erfahren geplant haben, so lange wir uns nicht ständig im Widerstand befinden. Wir lernen zu vertrauen, dass sich alles weder zu früh noch zu spät ereignet, sondern genau in dem Moment, in dem wir für die Erfahrung reif sind. Wir erkennen, dass wir Ruhe und Zeit für uns genauso benötigen wie die Aktivitäten im Außen, und sich Ruhe und Zeit durchaus produktiv auf unser Leben auswirken.

Im Herz-Sutra des Zen (Herz-Sutra /Maka Hannya Haramita Shingyo / Rezitationstext aus dem Zen) heißt es: *„Sairputra (Name eines bedeutenden Schülers Buddhas), Form ist nichts anderes als Leere, Leere nichts anderes als Form. Form ist wirklich Leere, Leere wirklich Form."*

Was kompliziert klingt, ist ganz einfach zu erklären. Ein Raum ist ein Raum, weil um ihn herum etwas ist, nämlich Mauern, also Form, in ihm aber ist nichts, nämlich Leere. Würden wir einen Raum mit Beton ausgießen, wäre es kein Raum mehr. Er wird nur durch das, was nicht ist, nutzbar. Ein Glas, also Form, kann nur mit Wein gefüllt werden, wenn es leer ist. Sonst passt kein Wein hinein. Nur die Verbindung von Form und Leere ergibt Sinn und Zweck. So ist das auch mit Tun und Ruhen. Das Tun schafft die Form, aber das Ruhen schafft den Sinn. Haben wir das endgültig erkannt, kann unsere Rastlosigkeit gehen.

Stolz – Die Angst vor Verwundbarkeit

Wo ein Messer einmal tief ins Fleisch geschnitten hat, tut die Berührung durch eine Feder weh.

(Christa Wolf)

Dass Stolz zu den Ängsten gezählt wird, mag Sie vielleicht erstaunen. Das Motiv dieser Angst liegt in der Überzeugung begründet, es nicht wert zu sein, um seiner selbst willen geliebt zu werden. Menschen, deren Verhalten von dieser Angst bestimmt wird, sind meistens sehr sensibel, verletzlich und liebebedürftig. Sie fühlen sich getrennt und unverstanden, haben aber gleichzeitig Angst vor Nähe. Es gibt zwei verschiedene Erscheinungsformen, wie Menschen ihren Hochmut der Außenwelt präsentieren:

Die einen ziehen sich zurück, geben sich gerne unnahbar und geheimnisvoll. Dabei trauen sie sich meistens nur nicht, ihr wahres Wesen zu zeigen, denn sie glauben, dass die Mitmenschen ihren wahren Wert nicht erkennen. Sie befürchten gar, übersehen oder ignoriert zu werden. Sie erwarten von ihren Mitmenschen, dass diese wissen, was sie sich wünschen. Diese Erwartung wird zwangsweise sehr oft enttäuscht, denn die Umwelt, allen voran der Partner oder die Partnerin, kann ja keine Gedanken lesen und so nur von unseren Wünschen wissen, wenn wir diese klar formulieren.

Hochmütigen dient ihre selbst gewählte Einsamkeit als Schutz vor Verletzungen. Sie ziehen sich in einen Turm mit dicken Mauern zurück, sodass keiner mehr an sie herankommt. Leider schneiden sie sich dabei auch vom Strom der Liebe ab, der alle Menschen von ihren Mitmenschen und der Geistigen Welt umweht, sodass sie sich bald sehr einsam und getrennt fühlen. Hier hilft nur, sich wieder mutig dem Leben zu stellen, mögliche Verletzungen in Kauf zu nehmen, um sich so jederzeit als Teil des All-Ganzen zu fühlen.

Die anderen, meistens junge Seelen, glauben, nur Dominanz bringe ihnen die gewünschte Zuwendung ihrer Mitmenschen, sodass sie allzeit versuchen, exklusiv, überragend und überlegen zu sein. Gerne sonnen sie sich in Bewunderung. Sie setzen andere Menschen herab, um sich selbst zu erhöhen, geplagt von der Angst, jemand könnte begabter, intelligenter, schöner oder erfolgreicher sein als sie. Sie geben sich gerne souverän und selbstbewusst und scheinen sehr von ihrem Wert überzeugt zu sein. Tatsächlich fürchten sie Zweifler und Kritiker, da ihre Selbstsicherheit nicht deckungsgleich mit ihrem Selbstwert ist, sie also nicht authentisch sind. Sie geben sich oft gönnerhaft denen gegenüber, denen sie sich überlegen fühlen. Umso mehr werden sie von Konkurrenz- und Rivalitätsgedanken denen gegenüber geplagt, die sie für gleich gut oder gar besser halten. Stolze Menschen neigen zu körperlichen Spannungszuständen.

In fortgeschrittenem Seelenalter manifestiert sich diese Angst eher in Form spirituellen Hochmuts (siehe: Seelenalter / Alte Seele).

Opfertum – Die Angst, sich zu wehren

Niemand kann dich ohne dein Einverständnis dazu bringen, dich schlecht zu fühlen.“

(Eleonor Roosevelt)

Opfer zu sein ist eine Haltung, die aus einer Angst heraus eingenommen wird. Der Angst, betrogen und ausgenutzt zu werden. Der Angst, nicht zu genügen und sich die Wertschätzung und Liebe seiner Mitmenschen durch Leistung verdienen zu müssen. Der Angst, wertlos und schuldig zu sein. Begründet wird diese Angst häufig in der Kindheit, wenn wir unerwünscht waren oder Misshandlungen erleiden mussten.

Ein Opfer fürchtet sich davor, sich zu wehren. Es schluckt Demütigungen, ohne aufzubegehren, denn es hält Wehrlosigkeit für eine seiner Qualitäten. Es hofft, von seinen Mitmenschen für seine Leidensfähigkeit bewundert und bemitleidet zu werden. Es steckt ein und steckt zurück und definiert seinen Wert durch Selbstlosigkeit und Aufopferung.

Ein Opfer übt moralischen Druck auf seine Mitmenschen aus. Es beklagt gerne die Undankbarkeit und mangelnde Aufmerksamkeit seiner Mitmenschen. Stiller Vorwurf und stummes Leid sollen Schuldgefühle bei anderen hervorrufen. Selbstaufopferung dient ihm als Mittel, um Wertschätzung, Achtung und Liebe zu bekommen. Im Grunde hält es sich sowieso für den Einzigen, der wahrhaft lieben und verzeihen kann.

Opfer zu sein hat auch Vorteile. Nicht umsonst gibt es den Ausdruck „Die Macht des Opfers". Die Macht besteht darin, nicht schuld zu sein, nicht zur Verantwortung gezogen werden zu können, von seiner Umwelt Mitleid zu erfahren und diese durch Schuldgefühle anderer manipulieren zu können.

Um die gewünschte Zuwendung und Aufmerksamkeit zu erzwingen, fliehen Menschen mit dieser Angst gerne in Krankheiten. Als Grund ihrer Erkrankung sehen sie ihre Aufopferungsbereitschaft für andere und deren mangelnde Wertschätzung (siehe: Krankheit und Gesundheit).

Viele Menschen mit der Angst, sich zu wehren, machen leidvolle Erfahrung mit Mobbing. Das Wort „Mobbing-Opfer" hat sich bereits fest in unserem Sprachgebrauch integriert, was davon zeugt, dass es ein großflächiges, gesellschaftliches Phänomen ist. Tatsächlich ist Mobbing eine Folge unserer eigenen Resonanz. Wenn unser emotionales Aurafeld angefüllt ist mit Glaubenssätzen wie: „Ich mache immer alles falsch – alle anderen sind viel besser als ich – ich bin dem nicht gewachsen – was ich anfange, geht schief – ich habe nie Erfolg – ich bin zu dumm dazu...", strahlen wir diese Überzeugung unbewusst aus und ziehen uns damit Menschen an, die an Minderwertigkeitsgefühlen leiden. Diese nutzen die Gelegenheit, uns unsere Überzeugung zu spiegeln, indem sie uns mobben, also uns erniedrigen, um sich dabei selbst zu erhöhen. Aus dieser Situation kommen wir nicht heraus, indem wir versuchen, ihr zu entfliehen, zum Beispiel indem wir den Arbeitsplatz wechseln, sondern nur dadurch, dass wir an unserer Eigenliebe und Selbstwertschätzung arbeiten und so unsere eigene Resonanz verändern.

Meistens erkennen wir uns selbst gar nicht in unserer Opferhaltung. Wir wissen ganz genau, wer um uns herum Fehler macht und Schuld hat, haben also ein klares „Täterprofil" vor Augen. Prof. Dr. Harald Welzer, Sozialpsychologe, erklärt das so:

„In der Psychologie heißt das „systematischer Attributionsfehler": Wer sein eigenes Handeln beschreibt, sucht die Gründe dafür in den äußeren Umständen. Wer das Handeln anderer Menschen beschreibt, schiebt es auf deren Persönlichkeit."

Aber wir können uns aus dieser Opferhaltung befreien. Denn ein Opfer ist machtlos, kann nichts bestimmen, keinen Einfluss nehmen, ist handlungsunfähig. Ein Opfer ist wie ein Ruderboot auf dem Ozean, das von den Wellen des Lebens hin- und hergeworfen wird, ohne selbst die Richtung bestimmen zu können. Wir müssen unsere Angst erkennen und durch einen gesunden Selbstwert ersetzen. Auf Grundlage des Wissens um die Hintergründe unserer Existenz ist das möglich. Denn nur wenn wir unser Leben selbst in die Hand nehmen, auf die Gefahr hin, zu scheitern oder Schuld auf uns zu nehmen, haben wir auch die Möglichkeit, glücklich und frei zu sein.

Die geistigen Gesetze

Die geistigen Gesetze bestimmen unser Sein in erheblichem Maße. Haben wir diese Gesetzmäßigkeiten verinnerlicht, erkennen wir Zusammenhänge, die uns bislang unverständlich erschienen. Das Wissen um diese Gesetze hilft uns, unser Verhalten und Tun besser auf seine Wirkung hin abschätzen zu können. Alle Gesetze wirken aufeinander, und keins ist wichtiger als das andere.

Ich möchte nur kurz auf einige der geistigen Gesetze eingehen, da auch hier Literatur zur Verfügung steht. Vor allem möchte ich Ihnen das Buch *„Die geistigen Gesetze"* von Kurt Tepperwein empfehlen, ein Buch, das es zu studieren lohnt.

Das Gesetz der Harmonie

Das Gesetz der Harmonie besagt, dass alles, was in ein Ungleichgewicht gerät, wieder ausgeglichen, also in Harmonie gebracht werden muss. Jede Handlung kann nur bis zu einem gewissen Punkt ausgeführt werden, bevor die Gegenbewegung einsetzt, die sie wieder ausgleicht. Erzeugen wir ein Extrem, erzeugen wir gleichzeitig eine extreme Gegenbewegung. Ähnlich einer Wippe, bei der das eine Ende nach oben geht, wenn das andere sich nach unten senkt. Denken Sie an eine Diät, die bewirkt, dass man nach langer Enthaltsamkeit umso gieriger auf Essen ist.

Das Gesetz der Evolution

„Wenn wir uns nicht bewegen, bewegt uns das Leben."
(Kurt Tepperwein)

Leben ist Fortschritt und Entwicklung. Alles verändert sich, alles ist im Fluss. Der ganze Kosmos strebt danach, sich zu erfahren und auf ein höheres Sein hin auszurichten. Auf Grundlage dieses Gesetzes unterliegt alles ständiger Veränderung; alles ist in Bewegung und nichts statisch oder absolut. Jeder Moment ist einmalig und unwiederbringlich, war noch nie so und wird nie wieder so sein. Jeder Anfang trägt bereits das Ende in sich, gleichzeitig trägt das Ende aber auch den Anfang von etwas Neuem in sich, das auch wieder enden wird. So ist alles ewig.

Stellen wir uns aufgrund unserer Angst vor Veränderung gegen dieses Gesetz, geht es uns wie Don Quichotte, der gegen Windmühlenflügel kämpfte. Wenn wir nicht aktiv Veränderungen in unserem Leben einleiten, wird sich das Leben um uns verändern und uns zu Opfern machen.

Das Gesetz der Schwingung

Dieses Gesetz sagt aus, dass alles, was existiert, in Bewegung, in Schwingung ist und nichts still steht. Materie und Energie werden von Schwingungen verschiedener Frequenzen manifestiert. Gedanken und Gefühle haben Schwingungen unterschiedlichster Frequenz und wirken durch Kraft und Inhalt. Alles beeinflusst und wird beeinflusst. Somit ist jede Schwingung gleichzeitig Ursache und Wirkung einer vorangegangenen Ursache.

Das Gesetz der Polarität

Die von uns wahrgenommene Dualität der Wirklichkeit existiert nur scheinbar.

Liebe und Hass, Tag und Nacht, Licht und Schatten, Schwäche und Stärke, Glück und Unglück sind stets nur zwei Seiten derselben Münze. Sie bilden eine Einheit; sind untrennbar miteinander verschmolzen.

Oft fühlen wir uns getrennt, aber wir sind ewig und unteilbar mit der Einheit verschmolzen. So haben wir immer die freie Wahl, Hass in Liebe oder Unglück in Glück zu verwandeln. Es kommt nur auf unsere Betrachtungsweise an.

Das Gesetz der Resonanz

Dieses Gesetz nimmt enormen Einfluss auf unser Leben, da es uns komplett aus der Opferrolle heraus und in die Eigenverantwortung hineinführt, wenn wir es wirklich verinnerlicht haben.

Die Hirnforscher erklären dieses Gesetz mit dem Vorhandensein von Spiegelneuronen, die in unseren Schläfenlappen sitzen. Dank der Spiegelneuronen aktiviert ein bestimmtes Verhalten unseres Gegenübers (dazu gehören Bewegungen, Sprache, Mimik) bei uns das gleiche, also das gespiegelte Verhalten. Gibt sich unser Gegenüber betont mutig, obwohl es in Wahrheit ängstlich ist, spüren wir unbewusst diese Angst und reagieren entsprechend unserer eigenen Angstprägungen darauf, unabhängig davon, was wir optisch und mental präsentiert bekommen.

Das Gesetz der Fülle

Das Gesetz der Fülle besagt, dass uns die Fülle des Lebens jeden Augenblick zur Verfügung steht, denn sie steht jedem von uns als geistiges Erbe zu. Trotzdem fühlen wir uns aufgrund unserer falschen Geisteshaltung und unseres mangelnden Glaubens oft getrennt von der Fülle und erleiden so inneren und äußeren Mangel. Wenn wir achtsam genug sind, die Fülle, die uns jederzeit umgibt, in ihrem vollen Umfang zu erfassen, steht sie uns ununterbrochen zur Verfügung. Nur wir selbst stehen uns dabei im Weg. Uns geht es wie einem Menschen, der vor einem reich gedeckten Tisch verhungert, nur weil er glaubt, nicht zugreifen zu können oder zu dürfen. Mit der Anerkenntnis der Fülle dient mir jede Situation dazu, mehr von dem zu bekommen, was ich brauche und wünsche: Mehr Erfahrung, mehr Erkenntnis, mehr Geduld, mehr Erfolg, mehr Eigenliebe und Selbstwertschätzung, mehr Herzenswärme, mehr Solidarität oder auch mehr Geld. Denn die Erkenntnis innerer Fülle zieht automatisch die äußere Fülle an, so, wie unser Mangeldenken Mangel anzieht. Wenn wir es uns nicht wert sind, in der Fülle zu leben, wird sie in unserem Leben auch nicht in Erscheinung treten.

Fülle beinhaltet das Bekommen und auch das Geben. Denn alles, was uns zuteilwird, muss durch das zum Ausgleich gebracht werden, was wir geben. Fülle wird sich erst dann einstellen können, wenn wir bereit sind, dem Wohl des Ganzen mit all den uns zur Verfügung stehenden Mitteln zu dienen und unseren Egoismus hinten anzustellen. Nur so wird sich einmal erlangte Fülle in unserem Leben dauerhaft manifestieren können. In der Fülle zu leben heißt, in der Harmonie zu leben.

Das Gesetz der Liebe

„Die Liebe ist das Grundgesetz der einen Kraft, die wir Gott nennen. Wenn man gelernt hat zu lieben und das mit Weisheit verbindet, das heißt, bewusst zu lieben, dann ist man vollkommen."

(Kurt Tepperwein)

Letztendlich ist unser gesamtes Tun und Denken auf die Liebe zurückzuführen, denn Angst ist, genau genommen, nur eine Form von Nicht-Liebe.

Das Gesetz des Denkens

Das Gesetz des Denkens sagt aus, dass jeder einzelne Gedanke eine Saat ist, die aufgeht und unsere Wirklichkeit nachhaltig verändert. Positives Denken ist nur bedingt sinnvoll, denn nur wahres positives Denken, bei dem das, was wir denken, mit dem, was wir fühlen, in Einklang ist, zieht positive Elemente an. Diskrepanzen zwischen unserem Denken und Fühlen führen zu Zweifeln, die ihrerseits wiederum Bestrafungselemente anziehen (siehe: Zweifel). Wollen wir also eine positive, unserem Wohl dienende, nützliche Ernte dessen, was wir gesät haben, einfahren, müssen wir Gedankenhygiene betreiben (siehe: Gedankenhygiene). Wir müssen also immer wieder bereit sein, unsere Gedanken loszulassen und uns ganz für den Moment öffnen.

„Alles, was passiert, dient dazu, uns aufzuwecken." Diesen Satz sollte man sich einrahmen und über das Sofa hängen. Denn haben wir diesen Satz verinnerlicht, können wir jede Form von destruktiver Grübelei aufgeben, warum etwas in unserem Leben gerade so ist, wie wir es nicht haben wollen, oder gerade nicht so ist, wie wir es gerne hätten. Alles, was in unserem Leben passiert, haben wir durch unsere eigenen Gefühle, Blockaden, Ängste und den sich daraus ergebenden Gedanken, Handlungen und Entscheidungen selbst kreiert. Wir sind eigenverantwortlich und keine Opfer des Schicksals.

Egal, was gerade ist oder passiert, es ist letztendlich immer positiv, auch wenn es sich noch so schmerzlich oder die eigene Existenz gefährdend darstellt. Jede Schwierigkeit ist auch eine Möglichkeit, zu lernen, zu wachsen, uns zu erleben und zu erfahren.

Das Gesetz der Imagination

Eine bildhafte Vorstellung ist das, was jeder materiellen Realisierung vorangeht. Jeder Mensch ist in der Lage, bildhaft zu denken. Ein Designer wird, bevor er daran geht, ein Objekt zu konstruieren oder zu bauen, davon ein konkretes Bild vor seinem inneren Auge haben. Ein Erfinder macht sich ein Bild davon, wozu seine Erfindung letztlich dienen soll und wie die Erfindung beschaffen sein muss. Ohne dieses innere Bild wäre eine äußere Manifestation nicht möglich. Damit folgt der Erfinder dem Gesetz der Imagination, das besagt, dass jede bildhafte Vorstellung, die ich mir mache, bestrebt ist, sich zu erfüllen. Denn das Bild ist die Sprache der Seele und des Unterbewusstseins.

Also sollten wir uns den Endzustand unserer Wünsche und Ziele in den schönsten, buntesten Farben ausmalen und ihn uns bildlich in seiner natürlichen Umgebung vorstellen. Wichtig ist, dass Sie dabei an Ihre Wünsche und Ziele glauben, denn wenn Glaube und Wille gegeneinander stehen, ist immer der Glaube der Gewinner. Will ich ein erfolgreicher Fotograf sein und visualisiere mir dieses Szenario in den unterschiedlichsten Situationen, glaube dabei aber im tiefsten Inneren nicht an meinen Erfolg, wird sich dieser auch nicht einstellen können. Deshalb ist es wichtig, zu den inneren Bildern oder dem inneren Film auch die Gefühle zu erzeugen, die ich beim erreichten Endzustand wahrnehmen werde.

Unser Unterbewusstsein greift immer dann, wenn wir kein konkretes Bild zu einer bestimmten Situation erzeugen, auf den inneren Bildspeicher zurück und realisiert das, was dort abgelegt ist. Wir allein sind dafür verantwortlich, welche Bilder in uns abgelegt sind. Denn wir können Bilder, die durch negative Erfahrungen in uns erzeugt wurden, durch neue Bilder und Erfahrungen ersetzen, sodass die alten gelöscht beziehungsweise überschrieben werden.

Das Gesetz des Glaubens

Als Jesus sagte: „Dir geschehe nach deinem Glauben", verkündete er in diesem Moment ein geistiges Gesetz. Es besagt, dass sich nicht das realisiert, was wir wollen, sondern das, was wir glauben. Glaube ist die Gewissheit, dass das, was ich mir wünsche, Wirklichkeit werden muss, wenn ich meine ganze Kraft und innere Überzeugung auf das erwünschte Ziel lenke. Denn in diesem Moment schließen wir uns an die Geisteskraft des Glaubens an; eine Kraft des Universums, die alles möglich macht. Darum müssen wir gut aufpassen, was wir glauben, denn unser Glaube kann sich in Form von negativen Mustern, Überzeugungen und Glaubenssätzen auch gegen uns wenden. „Hüte dich vor deinen Wünschen, sie könnten in Erfüllung gehen", heißt es. Die Kraft des Glaubens manifestiert immer das, woran wir glauben. Glauben wir nun, erfolglos, nicht gut genug oder unheilbar krank zu sein, wird sich unser Glaube realisieren.

Wir neigen dazu, von Fakten und Tatsachen auszugehen, und geben so unsere Energie in Prozesse, die vielleicht derzeit nicht unseren Vorstellungen entsprechen. Dann manifestieren wir unsere Wirklichkeit mit Aussagen wie: „Ich habe nicht genug Erfolg" oder „Ich bin so allein" oder „Ich habe keinen Job, der mir gefällt", denn die Energie folgt der Aufmerksamkeit. Aber alles unterliegt ständiger Veränderung, sodass auch die Fakten und Tatsachen nur temporär wahr sind und bald zu Vergangenheit werden. Richten wir unsere Energien in Form unseres Glaubens jedoch in eine bestimmte Richtung, gibt uns das Ziel die Richtung unseres Weges vor. Wir bereiten den Weg für das, was wir erreichen wollen.

Das Gesetz von Ursache und Wirkung
(Karma-Gesetz)

Alles, was auf der Welt geschieht, gehorcht dem Prinzip von Ursache und Wirkung. Hinter jeder sichtbaren Schöpfung (Wirkung) steht ein Schöpfer. Ohne Schöpfer, keine Schöpfung. Zwischen Vergangenheit und Zukunft gibt es immer einen Zusammenhang. Einen sogenannten „Zufall" gibt es nicht, es gibt immer eine, wenn auch vielleicht in dem Moment nicht sichtbare, Ursache, das heißt, jeder bekommt das, was er (vielleicht unwissentlich) verursacht hat.

Was Sie sonst noch für sich tun können...

Falls Sie sich durch die Lektüre dieses Buches motiviert fühlen, Ihr Leben ab jetzt endgültig selbst in die Hand zu nehmen, möchte ich Ihnen nachfolgend noch weitere Hilfestellungen mit auf den Weg geben:

Wenn Sie Klarheit über Ihre Wesensessenz, Ihre Ängste und Ihr Lebensziel haben möchten, bietet sich ein Reading an. Für ein Chakrareading, das schriftliche Unterlagen und eine individuell besprochene CD beinhaltet, müssen Sie nicht persönlich anwesend zu sein, hier reicht die Bekanntgabe Ihres kompletten Namens und Ihres Geburtsdatums. Ihre Fragen fließen in das Reading ein und können in der Regel klar beantwortet werden (siehe: Kontakte/Anhang).

Bei einem Aurareading müssen Sie persönlich erscheinen, da Sylvia Engel oder Christian Rauch (siehe: Kontakte/Anhang) Ihr Energiefeld optisch erfassen, um daraus „lesen" zu können. Sie erhalten eine CD-Aufzeichnung des geführten Gesprächs.

Mit Hilfe der Akasha-Key Methode können Sie nach intensiver Vorarbeit in einer einzigen Rückführung einen Großteil der Muster und Prägungen, die Sie beeinflussen, verarbeiten und loslassen.

Tiefenatmung ist eine der besten Methoden, um in relativ kurzer Zeit Ängste und Prägungen aufzuarbeiten und diese endgültig aus Ihrem System zu entfernen. Einen Hinweis auf praktizierende Atemcoaches finden Sie im Anhang.

Wenn Sie in Ihrem Haus oder Ihrer Wohnung schlecht schlafen oder Ihr Geld von zu Hause aus verdienen, bietet sich eine energetische Haussanierung an. Mehr Hinweise dazu finden Sie auf www.Kerstin-Reichl.de.

Wenn Sie einen guten Bezug zu Edelsteinen haben, können Sie sich mit Hilfe einer speziell auf Sie abgestimmten Themenkette oder eines entsprechenden Steins in Ihren Prozessen unterstützen lassen. Christian Rauch hat sich auf diese Aufgabe spezialisiert, seine Kontaktadresse und Informationen zu seiner Homepage finden Sie im Anhang.

Auch die Kinesiologie stellt eine wirkungsvolle Methode dar, die eigenen Prozesse zu bearbeiten. Per Internet lässt sich sicher ein guter Kinesiologe in Ihrer Nähe finden. Häufig bieten Ärzte diese Leistung zusätzlich an, erfahrungsgemäß lassen sich aber bessere Wirkungen bei rein kinesiologischen Behandlungen erzielen, auch wenn die Kosten hier meistens von Ihnen selbst getragen werden müssen.

Bei akuten Schmerzen oder Krankheiten können häufig Akupunktur oder Osteopathie deutliche Linderung bringen.

Anhang

Und so wünsche ich auch Ihnen, dass es Ihnen geht wie den Mönchen in der nachfolgenden Geschichte (Illustration Mönche ©Rolf Vogt). Dass Sie erkennen und umsetzen, Mut schöpfen, Sinn finden und sich dem Leben mit all seinen guten und schlechten Erfahrungen stellen, immer in der Gewissheit, dass alles, was passiert, eine sinnvolle Bereicherung Ihrer irdischen Existenz ist und der Gesamterfahrung Ihrer Seele dient.

Die Distel

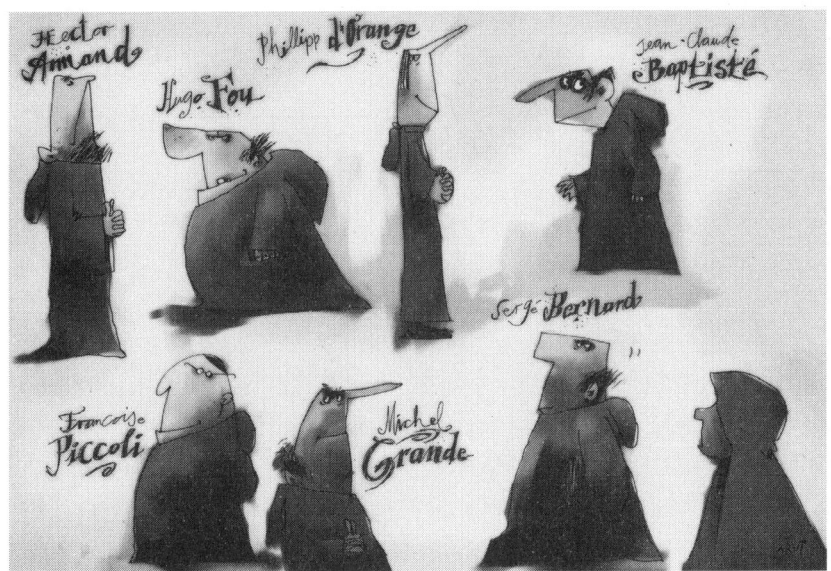

In einem kleinen Kloster in Frankreich lebten acht Mönche. Und wie das bei den gewöhnlichen Menschen so ist, war es auch da: Ein jeder hatte seine eigene Meinung zu diesem und jenem.

213

Nur in einer Sache waren sich alle einig: Keiner mochte die Disteln im Klostergarten. Um etwas zu essen auf dem Tisch zu haben, arbeiteten alle Mönche täglich mehrere Stunden im Klostergarten oder auf den Feldern. Entdeckten sie dort eine Distel, geschah Folgendes:

Hector Amand war ein Mann mit Prinzipien. Alles musste seine Ordnung haben. Ordnung gab ihm das Gefühl von Sicherheit; das Gefühl, alles unter Kontrolle zu haben. Da stellten die Disteln, die er am Zaun des Klostergartens sah, eine echte Herausforderung für ihn dar. Sie wagten es, ungefragt dort zu wachsen. Also riss er sie aus. Und fühlte sich gut dabei.

Der zweite Mönch hieß Francoise Piccoli. Francoise war liebevoll, gutmütig und immer besorgt um seine Brüder. Aus Angst, die stacheligen Disteln könnten jemanden kratzen, grub er sie aus, sobald er eine im Klostergarten erblickte, und warf sie im hohen Bogen über die Mauer.

Das Wichtigste in Hugo Fous Leben war das Essen. Entdeckte er beim Unkrautjäten im Gemüsebeet eine Distel, eilte er, eine Schaufel zu holen, um sie auszugraben. Denn wo Disteln wuchsen, war für Gemüse und Kartoffeln kein Platz. Die Disteln schienen seine Existenz zu bedrohen.

Phillipp d'Orange war sehr gläubig. Die Farbe Lila war für ihn heilig und durfte nur von den ranghöchsten Ordensbrüdern zu feierlichen Anlässen getragen werden. Die struppige Distel mit ihren behaarten Blättern empfand er als simpel und zu unwürdig, als dass sie diese heilige Farbe hätte tragen dürfen. Auch vor seinen Augen fand die Distel also keine Gnade.

Von eher schlichtem Gemüt schien Sergé Bernard zu sein. Er hatte nie hinterfragt, ob das, was man ihn gelehrt hatte, auch stimmte. Alle rissen oder gruben Disteln aus, also tat er es ebenso. Wenn es alle taten, musste es richtig sein.

Als sechster Mönch arbeitete auch Michel Grande täglich im Gemüsegarten des Klosters. Wie sein Name schon verriet, hätte er gerne einen höheren Rang im Kloster bekleidet, als nur einer unter vielen Ordensbrüdern zu sein. Also kontrollierte er mit Hingabe, ob die anderen auch alles richtig machten. Fand er auch nur eine Distel, die die anderen übersehen hatten, prangerte er deren Nachlässigkeit lautstark an und rupfte die Distel demonstrativ aus, mit der Überzeugung, als Einziger den Überblick zu haben.

Jean-Claude Baptisté liebte die Arbeit nicht. Damit das bei den anderen fleißigeren Mönchen nicht so auffiel, hatte er seine eigene Strategie entwickelt: Schnell grub er einige der von allen gehassten Disteln aus der Erde, trug diese demonstrativ vor sich her, damit jeder sehen konnte, wie fleißig er Unkraut gejätet hatte. Nach seinem Auftritt zog er sich unauffällig zurück, um sich von der schweren Arbeit zu erholen...

Eines Tages wurde der achte Mönch im Kloster todkrank. Der zu Rate gezogen Arzt verschrieb gegen das Leiden des Kranken einen Sud aus Disteln. Aber im ganzen Klostergarten gab es keine einzige mehr.

Betrübt und traurig saßen die Mönche am Krankenlager, und jeder machte sich seine eigenen Gedanken.

Hector Amand schien die Unordnung des Gartens im Verhältnis zu der Unordnung, die der drohende Tod in seinem Herzen hinterließ, unwichtig.

Der Gedanke, dass Disteln nicht nur verletzen, sondern auch heilen konnten, quälte Francoise Piccoli.

Hugo Fou war der Appetit vergangen. Er würde sogar auf das Essen verzichten, wenn der kranke Bruder nur wieder genesen würde.

Phillipp d´Orange erkannte, dass jede Ausdrucksform des Lebens heilig ist und keiner das Recht hat zu urteilen, was gut oder schlecht, richtig oder falsch ist.

Der Zweifel hatte Sergé Bernard gepackt. Das erste Mal in seinem Leben fragte er sich, ob es richtig war, immer das zu tun, was die anderen taten oder sagten.

Gegen die Herrschaft des Todes erschien Michel Grande eine bessere Position unter den Brüdern plötzlich unbedeutend.

Jean-Claude Baptisté, der Faule, hätte jede Arbeit gerne getan, damit sein Bruder nicht sterben musste.

So verbrachten sie viele Tage und Nächte am Bett des kranken Mönches. Doch eines Morgens beschlossen sie, dass es an der Zeit war, wieder nach dem Garten zu sehen, wenn nicht auch sie vor Hunger sterben wollten.

Und siehe da, am Wegrand, am Zaun, auf den Wiesen waren Disteln gewachsen, die den Kranken heilen würden.

Noch nie hatte sich Phillipp d´Orange so sehr an der Farbe Lila erfreut, wie an den Blüten dieser Disteln. Der faule Jean-Claude Baptisté lief eilig, eine Schaufel zu holen. Sergé Bernard grub, ohne zu fragen, ob das, was er tat, richtig sei, die Distel mitsamt den Wurzeln aus. Der immer hungrige Hugo Fou verzichtete auf sein Mittagessen, um den Sud aus den Disteln zu kochen. Michel Grande überwachte eifrig, dass die Rezeptur genauestens eingehalten wurde. Francoise Piccoli, der Herzlichste von allen, gab dem geschwächten Kranken die fertige Medizin zu trinken. Hector Amand hatte plötzlich das Gefühl, dass aus der äußeren Unordnung heraus nun doch noch eine innere Ordnung entstehen würde.

Der kranke Ordensbruder wurde bald wieder gesund. Und alle anderen Mönche schienen auch geheilt!

Kontakte

Kerstin Reichl Chakrareading
Atemarbeit / Energetische Haussanierungen
Akasha-Key-System-Coach
Kerstin.Reichl@t-online.de
www.Kerstin-Reichl.de
Tel. 0911 - 608795

Sylvia Engel Aurareading
Tel. 09129 - 287167

Christian Rauch
Heilsteine und Themenketten
Magische Werkzeuge / Akasha-Key-System Coach
Design-/Herrenschmuck
Aurareading
www.chris-design.eu

Can Peter Küzen time2breathe
Emely Fritsch
Atemcoaches / Akasha-Key-System Coaches
Psychologischer Berater
www.cansair.com
Tel. 0160-94 600 140

Grafik und Design
ARVI Rolf Vogt
Dipl.-Designer
DieMönche©RolfVogt
www.rolfvogt.com

Buchempfehlungen

Dahlke, Rüdiger: *Krankheit als Symbol*
C. Bertelsmann Verlag (2007)

Detlefsen, Thorwald/**Dahlke**, Rüdiger: *Krankheit als Weg*
Goldmann Verlag (2000)

Fromm, Erich: *Die Kunst des Liebens*
Ullstein Taschenbuch (2005)

Hüther, Gerald:
Bedienungsanleitung für ein menschliches Gehirn
Vandenhoeck & Ruprecht (2010)

Hüther, Gerald:
Männer – Das schwache Geschlecht und sein Gehirn
Vandenhoeck & Ruprecht (2009)

Imhof, Beat: *Wie auf Erden so im Himmel*
Aquamarin (2012)

Kretzschmar, Ute: *Die Seele in den Meisterjahren*
ch.falk-verlag (2004)

Leyh, Arvid: *Wenn die Liebe Kopf steht*
Junfermann (2004)

Lipton, Bruce H. / **Bhaerman**, Steve: *Spontane Evolution*
Koha Verlag (2009)

Schendl-Gallhofer, Gabriele: *Du kannst auch anders*
Kamphausen (2007)

Sheldrake, Rupert: *Das Gedächtnis der Natur: Das Geheimnis der Entstehung der Formen in der Natur*
Scherz (2003)

Tepperwein, Kurt Dr. Phil.: *Die geistigen Gesetze*
Goldmann (2002)

Walsch, Neale Donald: *Ich bin das Licht*
Edition Sternenprinz (1999)

Kerstin Reichl
Praktische Spiritualität für Fortgeschrittene
264 Seiten, A5, broschiert
ISBN 978-3-95531-058-5

Sind Sie bereit, sich inspirieren zu lassen, Herausforderungen anzunehmen, neue Lösungen zu suchen und Ihr eigenes Verhalten zu reflektieren?
Als konsequente Fortsetzung des erfolgreichen ersten Bandes „Praktische Spiritualität für Ungeduldige" ist auch der zweite Band für all die gedacht, die wenig Zeit zum Lesen, aber eine hohe Bereitschaft zur Selbsterkenntnis und Freude am Umsetzen haben.
Die konzentrierten, aussagekräftigen und eindeutigen Texte weisen den Weg auf der Suche nach dem wahren „Ich" und dem Sinn des Lebens.
Kerstin Reichl eröffnet den Blick auf die geistigen Gesetzmäßigkeiten und deren Hintergründe und bietet konkrete Tipps zur Integration des Erkannten in den Alltag.

Angelika Braun
Taguarí – Das Leben findet seinen Weg
Ca. 300 Seiten, A5, gebunden, mit Leseband
ISBN 978-3-95531-024-0

Taguarí erzählt die Geschichte von Don José Ariza, einem heute 111-jährigen kolumbianischen Schamanen, der im zarten Alter von 14 Jahren den Urwald am Amazonas betritt und dort von einem indigenen Stamm aufgenommen und zum Schamanen ausgebildet wird.
Der Leser begleitet ihn auf seinem Weg der Erinnerung an seine innewohnenden Fähigkeiten und der Tatsache, dass Mutter Erde uns alles zur Verfügung stellt, was wir benötigen, um gesund und glücklich zu leben. Alles Wissen darum ist in uns, wir müssen es nur wieder entdecken.

Tef Fonfara
Die Kraft der spirituellen Transformation
Humor, Harmonie, Heilung
288 Seiten, A5, gebunden, mit Leseband
ISBN 978-3-941363-84-7

Ein Rabe fliegt am Fenster vorbei und verändert die Welt. Es beginnt eine Geschichte um das Zusammenspiel magischer Zufälle, beobachtet aus der fünften Etage mitten in der Stadt. Tef Fonfara erzählt humorvoll, warum wir in der weltlichen Realität die wesentlichen Dinge nicht sehen können, welche Kraft die Gedanken haben und wie wir sie wirksam machen können. Die Freundschaft zu einem Raben ist der Anfang einer Ereigniskette um Wahrnehmungen, die bisherige Denkmuster als ungültig erklären. Der Autor beschreibt feinstoffliche Gesetze, die ihre geheimnisvolle Wirkung haben. Er erklärt unterhaltsam esoterische Prinzipien und geht tief ins Detail: Jeder kann sich heilen. Jeder kann die Welt verändern. Und es geht um mehr, denn Humor, Harmonie und Heilung bedeuten dasselbe. Wir werden erinnert, dass wir nur unsere göttlichen Fähigkeiten vergessen haben und wer wir eigentlich sind.

Dr. med. Andrea Hofer
Eine Portion Gesundheit bitte!
Heilung durch Gedankenkraft
248 Seiten, A5, broschiert
ISBN 978-3-941363-90-8

Welchen Einfluss haben unsere Gedanken und Handlungen auf unsere Gesundheit? Wieso gibt es Menschen, die immer krank sind, und andere, die vor Gesundheit strotzen? Durch humorvolle Darstellung von falschen Denkweisen können Sie Ihre negativen Gedankenmuster erkennen. Sie sind nicht mehr Opfer Ihrer Krankheit, sondern können durch Änderung Ihrer Gedankenstrukturen die Gesundheit zurückerhalten. Nachdem sich die Autorin selbst durch Bewusstwerdung und Änderung ihrer falschen Denkart von einer schweren Knieerkrankung geheilt hatte, konnte sie vielen Menschen in ihrer Praxis helfen, Heilung auf spirituelle Weise zu erzielen. Anhand von praktischen Beispielen wird erläutert, wie Sie sich selbst auf diese Weise heilen können.
Ein Teil der Erlöse dieses Buches kommt den Entwicklungshilfeprojekten, die die Autorin in Lima leitet, zugute.

Wiltrud Miethke
Quantenzauber
Brücke zwischen Spiritualität und Wissenschaft
336 Seiten, A5, gebunden, mit Leseband
ISBN 978-3-941363-76-2

Zeitenwende 2012 – QUANTENZAUBER beschreibt nicht nur, warum die Welt nicht untergehen wird und was an den Maya-Prophezeiungen ernst zu nehmen ist, sondern erklärt die verblüffenden Zusammenhänge von Spiritualität und Quantenphysik.
Selbsternannte Propheten nehmen den Maya-Kalender zum Anlass, uns vor dem Untergang unserer Erde zu warnen. Und es ist sicher, dass auf zellulärer und galaktischer Ebene etwas Wichtiges mit uns Menschen geschieht, denn die Zeit ist reif. Ob wir für die Zeit reif sind, ist eine andere Geschichte.
Wir sind mitten im „Zeitfenster" zu einer anderen Welt, in der wir verstehen werden, auf welches gigantische Spiel wir uns eingelassen haben. Und wie wir damit leben und unser Leben dennoch genießen können.
Damit wir als Sieger und nicht als Verlierer aus diesem Spiel herauskommen.

Tatiana Schlösser
Wieso müssen?
Anleitung zur seelischen Gelassenheit
248 Seiten, A5, broschiert
ISBN 978-3-941363-54-0

Wie würden wir uns fühlen, wenn wir nicht länger auf Komplimente oder Zuspruch angewiesen wären und Kritik über unser Äußeres und Zurückweisung spurlos an uns abperlen würde, ohne ein Gefühl der Ohnmacht zu hinterlassen?
Wohin würde sich unser Leben entwickeln, wenn wir mutig Partner und Freunde so (los-)lassen könnten, wie das Leben sie gewollt hat? Wenn wir dieses „Lassen" als das sehen dürften was es ist?
Die glückselige Heimkehr zu sich selbst, ohne Manipulationen, Abhängigkeiten der Launen und willkürlichen Meinung anderer Menschen.
Die Autorin schaufelt mit Humor und bedachten Fragen wertvolle, heilende Erkenntnisse frei, bis er für die Leser sichtbar wird: der Schatz der seelischen Selbstbefriedigung!

Christiane Zen
Das Orakel des Goldenen Zeitalters
Magische Zahlen zur Meisterschaft über dein Leben
Ca. 40 Karten mit Begleitbuch
ISBN 978-3-95531-011-0

Unsere Engel, Seelenführer und Aufgestiegenen Meister wollen, dass wir unseren Weg selbst bestimmen, finden und gehen. Doch sie haben uns heimlich ein Navi zugesteckt, bevor wir uns auf den Weg zur Erde gemacht haben. Wo es ist? – Du hältst es gerade in deinen Händen!

Dieses Kartenset beantwortet alle deine Fragen in der Sprache der Neuen Zeit. Schritt für Schritt wird dein Weg für dich sichtbar, und ganz nebenbei zeigen dir deine Engel, dass du die Sprache des Lichts nicht verlernt hast. Jede Karte ist ein Unikat für sich und wird getragen von einer einzigartigen Energie, die du sofort spüren kannst.

Mit den enthaltenen Informationen kannst du dein Energiefeld und deinen Organismus synchronisieren, auf die Energien der Neuen Zeit ausrichten und dich von ihnen tragen lassen. Die magischen Zahlen entfalten ihre Wirkung für dich, auch wenn du nicht an sie denkst.